LAS MUJERES

exitosas

HABLAN

DIFERENTE

Libros de Valorie Burton publicados por Portavoz

Las mujeres exitosas hablan diferente
Las mujeres exitosas piensan diferente
Las mujeres felices viven mejor
Las mujeres valientes son imparables

LAS MUJERES

exitosas

HABLAN

DIFERENTE

9 Hábitos para desarrollar más confianza en ti misma

VALORIE BURTON

EDITORIAL
PORTAVOZ

Título del original: *Successful Women Speak Differently,* © 2016 por Valorie Burton y publicado por Harvest House Publishers, Eugene, Oregon 97402. Traducido con permiso.

Edición en castellano: *Las mujeres exitosas hablan diferente,* © 2018 por Editorial Portavoz, filial de Kregel Inc., Grand Rapids, Michigan 49505. Todos los derechos reservados.

Traducción: Rosa Pugliese

EDITORIAL PORTAVOZ
2450 Oak Industrial Drive NE
Grand Rapids, Michigan 49505 USA
Visítenos en: www.portavoz.com

ISBN 978-0-8254-5758-6 (rústica)
ISBN 978-0-8254-6651-9 (Kindle)
ISBN 978-0-8254-7467-5 (epub)

2 3 4 5 edición / año 27 26 25 24 23 22

Impreso en los Estados Unidos de América
Printed in the United States of America

A Sophie y Addie:

Estoy orgullosa de ustedes por el entusiasmo, la bondad y el esfuerzo que ponen en ser niñas exitosas. Me emociona pensar en las mujeres exitosas que llegarán a ser.

Las amo.

Mamá

RECONOCIMIENTOS

Escribir un libro es solo una parte del proceso hasta poder tenerlo en tus manos. El proceso se parece más a una carrera de relevos en la que varios miembros del equipo corren con celeridad y se pasan unos a otros el bastón hasta que finalmente llega a la línea de meta. Estoy agradecida por el equipo de personas que ayudaron a llevar este libro a buen término:

Mi editora, Kathleen Kerr. Tu entusiasmo por mi mensaje, tu estilo de edición detallista y tu espíritu sereno y alentador son poderosos y estimulantes. Gracias por el cuidado y el afán que has dedicado a este proyecto. Estoy más que agradecida.

Mi agente literaria, Andrea Heinecke, así como todo el equipo de Alive Communications. Gracias por creer tan firmemente en mi trabajo, y por el aporte y la orientación que me han brindado. ¡Es una alegría trabajar con ustedes y elaborar ideas!

Todo el equipo de Harvest House, incluidos LaRae Weikert, Brad Moses, Bob Hawkins, Betty Fletcher, Christian Debysingh, Jeff Marion, Aaron Dillon, Ken Lorenz y Sharon Shook. Gracias por todo lo que han hecho para llevar mis libros a tantas personas del mundo entero. ¡Es una bendición trabajar con gente tan dedicada, divertida y concienzuda!

Mi publicista, Ben Laurro, de Pure Publicity. Gracias por ser tan persistente en la promoción de mi persona y de mi mensaje durante más de doce años. Realmente aprecio tu tenacidad, tu arduo trabajo y tu espíritu de servicio.

Mi equipo en Inspire Inc.: Wade, Alexis y Leone Murray. ¡Qué bendición es trabajar con personas que me apoyan, que les gusta este trabajo y que, además, son mi familia! Es increíble cómo obra Dios. Gracias por trabajar incansablemente todos los días para hacer posible que pueda ayudar a otros a alcanzar su potencial. Los amo.

Mi marido, Jeff, y nuestros hijos, Sophia, Addison y Alexander. Gracias por darme el amor y el apoyo que hacen que mi vida esté tan llena de alegría y sentido. Y, Jeff, gracias por ser siempre esa persona de confianza dispuesta a escuchar todas mis ideas (buenas y no tan buenas), por esas conversaciones que tenemos a última hora de la noche y por soportar el estrés de mis plazos de entrega. ¡Eres el marido más paciente, entusiasta y comprensivo del mundo!

CONTENIDO

Un buen comienzo

Hablar no es poca cosa. Es tu arma secreta.

Alicia y Érica son dos artistas con un trabajo creativo sobresaliente. Crecieron en la misma zona metropolitana, con antecedentes familiares parecidos y acceso idéntico a las oportunidades. Sus familias no tenían contactos ni influencias que ofrecieran a las jóvenes un comienzo profesional particularmente extraordinario. Sin embargo, echa un vistazo a la manera de abordar, desde un principio, sus carreras profesionales y vidas personales, y podrás entender por qué una ha sido mucho más exitosa que la otra.

La mayoría de la gente diría que Érica tiene más talento. Además, cuenta con algunas credenciales más, principalmente, como resultado de tener más formación académica y capacitación. Ella es la que —a simple vista— debería ser más exitosa.

La formación académica de Alicia fue más aventurera. Cursó sus estudios universitarios en el extranjero, con especialización en el arte y la cultura, pero nunca se graduó. Impulsada por su pasión artística y la crisis financiera familiar a causa de la enfermedad de su padre, Alicia abandonó sus estudios. Hizo pequeños trabajos para otros artistas y disfrutó cada experiencia.

En varias ocasiones, Érica conoció personas que le podrían haber abierto puertas para su carrera. Sin embargo, por temor a parecer oportunista o insistente, nunca mencionó ni habló voluntariamente de sus aspiraciones o sueños. Si en alguna ocasión le preguntaban, hablaba cautelosamente de su visión, o bien por temor a que no pareciera muy interesante, o bien porque sus grandes objetivos resultaran arrogantes. Eso no la condenó al fracaso; simplemente, no la ayudó. Buenas oportunidades no le faltaron y, en ocasiones, parecía que su carrera artística finalmente despegaría, pero siempre se detenía. Una oportunidad nunca parecía conducir a la siguiente. Eran hechos aislados, comienzos falsos.

Alicia, por otro lado, hablaba de sus sueños casi con cualquier persona que la escuchara, y lo hacía de una manera sencilla y enérgica. Hablaba de su pasión, no estaba vendiendo algo.

Ahora, con cuarenta años, Alicia ha aprovechado cada oportunidad artística, tanto al nivel nacional como internacional. En el camino ha oído el susurro de gran cantidad de pesimistas que no creían que fuera capaz.

"¿Por qué ella? —preguntan—. Es buena, pero otras personas son mejores que ella". Alicia sabía que eso era cierto. Indudablemente había otras mejores que ella. Sin embargo, Alicia nunca creyó que su éxito estuviera únicamente vinculado a su talento.

Es diferente a otros artistas. Habla de su trabajo de manera diferente. Entabla conversaciones de manera diferente. Y eso ha sido el factor clave. De hecho, su capacidad de "hablar diferente" ha dado forma a algo más que su carrera. Sus amistades son más sólidas, porque es una mujer valiente y sincera en su trato con las personas: una mujer que dice la verdad y fija expectativas que minimizan la falta de comunicación y el dramatismo. Sus finanzas se han beneficiado porque no tiene miedo de pedir lo que desea, ya sea el honorario por su trabajo o un descuento en el precio de un fabuloso par de zapatos. Una claridad y audacia subyacentes conducen a Alicia a lograr el éxito más que otras personas, no importa cuál sea su objetivo.

¿Alguna vez has visto tener más éxito a una mujer con antecedentes y talentos similares a los tuyos? Si es así, probablemente te hayas preguntado qué marcó la diferencia. ¿Qué la hizo lograr sus objetivos mientras que tú luchas en frustración, quizás incluso con la sensación de que llevas todas las de perder?

Las mujeres exitosas hacen al menos dos cosas de manera diferente a la mujer promedio. En primer lugar, *piensan* diferente frente a los desafíos y las oportunidades. Su patrón de pensamiento les permite recuperarse y volver a surgir de manera poderosa en la vida. En segundo lugar, *hablan* diferente, tanto en los intercambios cotidianos con las personas que aman como en las conversaciones importantes en su lugar de trabajo. La confianza con la que se comunican —su presencia, su credibilidad y su voz— puede ser mucho más influyente que sus talentos o sus esfuerzos.

Podría no ser obvio al principio, pero la sutileza de los pensamientos y discursos de las mujeres exitosas las conducen a presentarse y dar a conocer sus ideas al mundo de manera diferente. En consecuencia, inspiran confianza, comunican con seguridad y tienen gran influencia en sus círculos sociales y profesionales, aunque no estén en una posición oficial de liderazgo. Este libro te mostrará varios hábitos que estas mujeres poseen y te guiará a incorporar estos hábitos a tu propia vida.

Hablamos más allá de lo que decimos. En este libro exploraremos las cuatro formas principales de comunicación personal, que pueden potenciar el éxito y la felicidad:

1. **La voz**

   El tono de tu voz repercute en la reacción de quienes te escuchan; ya sea que te sigan, te crean, te interrumpan o se dejen influenciar por ti. No siempre se trata de lo que dices, sino de cómo lo dices y cómo se recibe.

2. **Las palabras**

   Las palabras que dices y no dices importan. Ser intencional en la elección de tus palabras y conquistar tu temor de hablar cuando es necesario y hacer silencio cuando es sabio puede constituir la diferencia entre el éxito y el fracaso.

3. **El cuerpo**

   Tu cuerpo habla incluso antes de hacerlo. Comprender cómo tu cuerpo proyecta confianza o falta de ella, calidez o frialdad, ansiedad o calma, es fundamental para tu éxito y felicidad.

4. **Las acciones**

   Lo que haces o no haces dice mucho de quién eres. Si tus acciones no se alinean con tus palabras, socavarás tu propia comunicación y enviarás mensajes contradictorios que sabotearán tus mejores esfuerzos.

¿Alguna vez has visto tener más éxito a una mujer con antecedentes y talentos similares a los tuyos?

Habla vida

El rey Salomón hace una afirmación categórica en el libro de Proverbios cuando dice: "La muerte y la vida están en poder de la lengua" (Pr. 18:21). Podemos hablar vida en cada situación solo por lo que decimos y cómo lo decimos. Las mujeres exitosas saben esto y son intencionales en su manera de presentarse y hablar: en las relaciones, en el trabajo y en su vida cotidiana. No siempre se trata de afirmaciones importantes y concluyentes. A menudo, la sutileza de sus palabras cambia el curso de las oportunidades.

Por otro lado, las personas menos exitosas a menudo hablan muerte en situaciones, sueños y relaciones sin ni siquiera darse cuenta de que lo están haciendo. Si logras ver de qué manera puedes haber saboteado sutilmente tus propios deseos en el pasado, entonces, con ese conocimiento, tendrás el poder de reformular tu futuro por completo. Puedes hacerlo si rectificas cómo te presentas y cómo hablas.

Después de más de quince años de capacitar a mujeres en casi todos los estados de Estados Unidos y en varios países extranjeros, y después de consultar la extensa investigación que existe sobre el tema de la felicidad y el éxito, he visto, de primera mano, que las mujeres que logran manifestar los deseos de su corazón tienen algunas cosas en común. De igual modo, también he observado algunas similitudes entre las mujeres que luchan por lograr y sostener el éxito y la felicidad genuinos. ¿Te puedes identificar con alguna en particular?

La mujer exitosa	La mujer sin éxito o promedio
Percibe con precisión sus propias habilidades; apunta alto y establece objetivos que son los verdaderos deseos de su corazón.	Menoscaba sus habilidades; se subestima; establece objetivos que están por debajo de su potencial y los deseos de su corazón.
Habla, incluso frente al miedo o la intimidación.	Calla por temor, inseguridad y duda.
Dice la verdad amablemente, aunque sea incómodo.	Anda con rodeos, incluso miente para evitar la desaprobación, el conflicto o la incomodidad.

La mujer exitosa	La mujer sin éxito o promedio
Se muestra de una manera auténtica en todas las relaciones.	Cambia para adaptarse a la forma de vida de otros; se deja influenciar fácilmente por la opinión de otros; vive para la aprobación y los elogios de los demás.
Hace preguntas poderosas sobre sí misma y sobre los demás; obtiene claridad sobre el camino para seguir.	Hace suposiciones; no intenta tener claridad cuando escucha una respuesta que no le gusta.
Tiene el valor de pedir lo que desea y necesita.	Acepta lo que le ofrecen, aunque no cubra sus necesidades y objetivos.
Sabe cuándo permanecer en silencio; no habla de más ni habla todo el tiempo; discierne en quién puede confiar.	Habla con inseguridad para liberar energía nerviosa y evitar el silencio; habla de más, incluso con personas que no buscan el bien de ella.
Asume la responsabilidad; habla en términos de soluciones, no de quejas.	Da excusas; culpa a otros, se queja sin un énfasis en la solución del problema.
Rechaza oportunidades buenas en favor de aquellas que tienen un propósito.	Se fija en lo que no tiene más que en lo que tiene.
Habla de sí misma con sinceridad, pero con cordura; nunca se menoscaba; recibe fácilmente los elogios.	Le cuesta recibir elogios; habla de sí misma en términos negativos; no reconoce el mérito de sus puntos fuertes, esfuerzos y buenas acciones.

Creo que ya tienes cierto grado de éxito. Después de todo, la clase de mujer que adquiere un libro sobre el éxito, normalmente, ya es exitosa hasta cierto punto, pero en el fondo sabes que solo has alcanzado el mínimo de tu potencial. A menudo te pueden elogiar por lo que has logrado hasta el momento y, sin embargo, sientes que hay algo más que debes hacer y llegar a ser. Tal vez ya sabes cuál es ese gran objetivo, pero por alguna razón parece elusivo.

Creo que nuestros caminos se han cruzado, porque tu máximo

potencial no tiene que permanecer elusivo. El propósito de este libro es darte un impulso: el ímpetu para pasar al siguiente nivel en tu vida personal y profesional. Es un nivel que te trae no solo logros, sino mayor felicidad.

Qué significa tener éxito

Sea lo que sea que entiendas por la palabra *exitosas* que lleva el título de este libro, creo que eso es lo que más deseas en tu vida. Esa palabra te motivó, y eso es bueno. La mayoría de las personas desea ser exitosa, ya sea que implique tener una familia feliz, ascender en el escalafón laboral, tener una buena cuenta bancaria o poder usar ropa de talla pequeña. Sin embargo, antes de comenzar a mencionar conceptos y estrategias para el éxito, asegurémonos de saber bien qué es el éxito.

Según mi definición, el éxito es una armonía de propósito, resiliencia y gozo.

Cuando estos tres elementos convergen, experimentas verdadero éxito. Piénsalo de esta manera: *El éxito es cumplir el propósito de tu vida y experimentar resiliencia y gozo al hacerlo.*

Analicemos un poco más esta definición.

Propósito: El servicio satisface a la mujer exitosa

El propósito tiene que ver con tocar la vida de los demás. En otras palabras, no puedes cumplir el propósito de tu vida a menos que estés sirviendo a otros de alguna forma. Aunque nuestro propósito a menudo nos trae gozo, no se trata de nosotras. Se trata siempre de usar nuestros puntos fuertes al servicio de los demás. Tu propósito en la vida responde a una simple pregunta: ¿Cómo se beneficia la vida de alguien cuando se cruza en tu camino?

Tu Hacedor te concedió dones, talentos, pasiones y experiencias peculiares para ti. Si pudiera retroceder el tiempo y observarte a los cuatro o catorce años de edad, vería rastros de esas cualidades que te distinguen. Tus puntos fuertes han estado contigo todo el tiempo, y ha llegado el momento de que los uses. Puedes tener una mayor influencia, y este es el momento de hacerlo.

En 1999, mientras me encontraba en una librería, tuve una revelación sobre el propósito de mi vida: inspirar a las mujeres a experimentar una vida plena, y hacerlo a través de mis libros y mis mensajes. En ese momento dirigía mi propia empresa de relaciones públicas, donde utilizaba mis dones y talentos como comunicadora, pero no me apasionaba el trabajo. Me faltaba pasión porque no estaba usando esos dones para cumplir el propósito para el cual Dios me creó: servir a las mujeres.

Tal vez puedas identificarte conmigo. Tienes la mitad de la fórmula correcta para tu propósito. Estás usando tus dones y talentos, solo que no lo estás haciendo de una manera que enciende tu pasión para servir a los demás. O tal vez estás en el lugar correcto, donde sirves a quienes más te apasionan, pero no tienes la oportunidad de usar tus dones y talentos de la forma que siempre has soñado. Puede ser muy frustrante y, como veremos en algunos capítulos, la emoción negativa que generan sentimientos como la frustración puede sabotear tu posibilidad de tener éxito. Cumplir tu propósito no es solo hacer aquello para lo cual has sido destinada, sino también hacerlo con éxito.

Resiliencia: La esperanza sostiene a la mujer exitosa

Cuando te propongas cumplir tus sueños, inevitablemente enfrentarás retos, pruebas y obstáculos en el camino. Una clave para el éxito será desarrollar una destreza clave que cada mujer realmente exitosa posee en abundancia: resiliencia. Quizás no haya nada más importante para alcanzar el éxito que la capacidad de adaptarte frente a una situación adversa. Cualquiera que sea tu visión para el futuro, la probabilidad de encontrar obstáculos en el camino hacia esa visión es casi segura.

Aquí es donde sobresalen las mujeres exitosas. Piensan diferente frente al miedo, el fracaso, los contratiempos y los retos. Consideran cosas diferentes frente a tales obstáculos. A medida que sigas leyendo, aprenderás a ser más consciente de los pensamientos que llaman a la puerta de tu mente. Aprenderás a elegir a cuáles dejar entrar y dar cabida.

Gozo: La felicidad capacita a la mujer exitosa

Como nos recuerda Nehemías 8:10 (NVI): "El gozo del SEÑOR es nuestra fortaleza". Dondequiera que estés en el camino de la vida, si encuentras una manera de aceptar esta etapa y disfrutarla, ya habrás encontrado cierta medida de éxito.

El gozo no tiene que ver solo con lo que sucede en la vida, sino también con los pequeños impulsos de emoción positiva que se producen cuando algo te hace feliz por un momento. Si ese bocado de chocolate te hará feliz por un momento, entonces saboréalo. Sin embargo, el gozo más profundo viene de la paz y el amor, y de saber que estás viviendo la vida para la cual fuiste creada. Puedes tener todos los pequeños momentos de gozo que tu corazón tolere, pero si te cuesta horrores levantarte de la cama cada mañana para ir a un trabajo que no te gusta y cuando vuelves cada noche a tu casa encuentras un ambiente de contienda, no te sentirás exitosa. Toda mujer realmente exitosa busca la paz en sus decisiones, el amor en sus relaciones, y el propósito en su vida.

Como mujeres, tenemos un conjunto único de preocupaciones y retos que enfrentar en nuestro camino hacia el éxito. Tenemos expectativas sociales específicas, que a menudo nos dicen cómo *deberíamos* ser. Sin embargo, quizás lo que *queremos* ser no encaje en ese molde. No sé a qué te está llamando la vida, pero sé que, si es tu propósito, estás dotada como nadie para cumplir ese llamado.

Es probable que el éxito sea diferente para ti que para tu vecina o incluso para tu madre o tu hermana. Si bien todas hemos sido diseñadas un poco diferentes, existen algunos fundamentos básicos para la felicidad y el éxito. En lo que respecta a informarte sobre lo que necesitas para alcanzar tu siguiente nivel de éxito —cumplir tu propósito mientras vives con resiliencia y gozo— te beneficiarás de una perspectiva que honra tu peculiaridad como mujer.

Por lo tanto, este es el planteamiento práctico que encontrarás en este libro:

- Historias reales de mujeres reales, como tú, que han encontrado esa armonía de propósito, resiliencia y gozo que define el éxito. Aprenderás de sus fracasos y triunfos y, lo más importante, de su patrón de pensamiento a lo largo del camino.

- Investigaciones prácticas y relevantes, algunas de ellas sorprendentes, sobre la diferencia de hablar y tomarse la vida que tiene la mujer exitosa comparada con la mujer promedio. Esta investigación te capacitará y te dará las herramientas y el conocimiento que necesitas para cumplir tus objetivos.

- Preguntas de *reflexión personal* para ayudarte a determinar el próximo paso. Las mujeres exitosas saben que cuando hacen las preguntas correctas, obtienen las respuestas correctas. A lo largo del libro encontrarás preguntas para ayudarte a obtener claridad sobre quién eres, hacia dónde vas y cómo llegar a tu destino.

- Perspectiva espiritual para fortalecerte en el camino. Dios no cometió errores cuando te creó. Te ha diseñado particularmente para tener éxito en tu propósito. Cuando alineas tu vida con tus puntos fuertes —las cualidades innatas que Dios te ha dado— te beneficias de un nivel de gracia que te da el poder para lograr aquellas cosas que jamás podrías lograr en tus propias fuerzas. A lo largo de este libro reconocerás el poder que obra en ti cuando te abres a la guía y el amor divino de Dios.

Una nota sobre el *entrenamiento personal*

A medida que leas, verás que utilizo el término *entrenamiento personal* y proporciono preguntas para pensar. El *entrenamiento personal* (o *coaching*) es el proceso de hacer preguntas que te ayuden a pensar y te ofrezcan un espacio seguro para buscar las respuestas, recibir poder para pasar a la acción, aprender, crecer y, finalmente, caminar hacia tu destino.

Aquí es donde tiene lugar la transformación. Mientras que las historias y las ideas de investigación te inspirarán y te darán conocimiento práctico que podrás aplicar a tu vida cotidiana, las preguntas para pensar te darán claridad sobre los pasos para seguir. No pases por alto las preguntas. No te apresures a leer el libro. En cambio, disfrútalo. Si lo haces, te garantizo que experimentarás un cambio real antes de terminar este libro.

Como tu *entrenadora personal* a través de estas páginas, mi objetivo es servir de catalizadora. Solo soy una portavoz aquí, que tiene un mensaje para ti. Lo que hagas con ese mensaje depende de ti. Creo que tienes la capacidad de hacer cambios y ajustes en tu vida que te conduzcan directamente a tus sueños. Paso a paso, día a día, amplía y analiza tus opciones, y actúa. Observa qué funciona y qué no, y luego haz los ajustes. Da otro paso. Eso es *entrenamiento personal*.

Mi máximo objetivo es ayudarte a desarrollar el hábito de entrenarte. No siempre tendrás a otra persona como tu *entrenadora personal* —ni un libro que te marque la dirección y el camino—; pero siempre te tendrás a ti misma. Si desarrollas la capacidad de ser tu propia entrenadora personal, tendrás una ventaja constante en la vida. Porque tus decisiones, las que tomes de aquí en adelante, marcarán la diferencia.

PARTE 1

Piensa diferente para que puedas hablar diferente

Descubre la pieza que falta

Eres capaz de mucho más de lo que crees

Descubre la pieza que falta

Por qué el talento y el esfuerzo no son
suficientes para alcanzar otro nivel.

Lecciones clave

- El talento y el esfuerzo no son suficientes para ayudarte a lograr tus objetivos.
- Tu capacidad para comunicarte puede marcar la diferencia entre el éxito y el fracaso.
- Si deseas que se te abran puertas de oportunidad, necesitas aprender a hablar diferente.

En teoría, parecía extraordinaria. Un título de la universidad más importante del estado. Una experiencia que demostraba su competencia para el empleo. Trabajo voluntario con niños. Y su talento, aunque en un ámbito de acción limitado, era excepcional. Casi obtiene ese puesto un año antes. Su currículum cumplía con todos los requisitos. Sus patrones y jefes redujeron a los postulantes a dos candidatos, y Karina era una de ellos. De hecho, cuando se enteró de que la otra candidata era Lisa, de repente se sintió aún más confiada de que obtendría ese puesto laboral. Tenía más experiencia que Lisa, había invertido más horas y, francamente, era la más talentosa de las dos. Si le preguntaras a algunos compañeros de trabajo, probablemente admitirían que Lisa poseía una capacidad técnica promedio.

Sin embargo, a lo largo del proceso de entrevistas, sus jefes tuvieron la sensación de que Lisa podía hacer el trabajo, acercar a las personas e incluso elevar la moral; algo que la compañía ni siquiera había especificado que buscaban, pero que definitivamente necesitaban. A la alta gerencia le gustaba su actitud y la interacción con sus colegas. Era una mujer cordial y cautivante. Y hacía excelentes preguntas. Un miembro del equipo de entrevistas dijo: "Hablar con ella me hace salir de lo común y pensar en grande". Todos los puntos positivos de Lisa eran adicionales, no requisitos para el trabajo. No se enumeraban en los requisitos para el empleo. En los papeles no se veían. En teoría, parecía que ella estaba menos calificada que Karina, pero su currículum no daba cuenta de su cualidad más valiosa: su capacidad para comunicarse.

Karina estaba decepcionada, pero no desalentada. Después de todo, la posición gerencial que ella quería era la más deseada por *todos*. La empresa era excelente y se habían postulado muchas personas para ese puesto. Ella quedó en segundo lugar, por lo que con más esfuerzo y un año más de tiempo, lo volvería a intentar cuando se abriera otra posición al año siguiente.

¡Cuando llegó el momento, estaba lista! Conocía la rutina de las entrevistas, había pasado por ese proceso antes y, hasta donde podía ver, se estaban postulando muchas de las mismas personas, lo que significaba que ya las había dejado en el camino el año anterior. Una vez más, llegó a la entrevista final; solo quedaban dos candidatos. Esta vez eran Karina y Cristian. "Estaba muy confiada. Sabía que había llegado mi momento", me dijo después. A pesar de ello, no fue así. Cristian, que en teoría, a diferencia de Lisa, estaba tan calificado como Karina, persuadió con su autenticidad a los que tomaron la decisión. ¿Cuál fue la información que Karina recibió de un mentor posteriormente? "Al final conectaron mejor con Cristian. Es una persona muy simpática y sociable".

Esta vez, más que decepcionada, Karina se sintió frustrada. Siempre había creído que su talento y su esfuerzo le ayudarían a lograr lo que quería en la vida y en su carrera. Esa había sido su convicción fundamental. Ahora, a pesar de lo mucho que lo había intentado, que había perseverado y de lo excelente que era su currículum, parecía no poder abrirse paso. Había reunido todos los requisitos, o eso creía.

En realidad, había uno que, sin embargo, había pasado totalmente por alto. Era uno que muchas mujeres ignoran o consideran irrelevante, y es un factor determinante.

Es cómo te presentas al mundo.

La pieza que falta

En todos mis años de enseñanza y aprendizaje sobre el éxito, he descubierto que estas son las estrategias más populares: *Visión. Disciplina. Enfoque único. Perseverancia. Talento. Esfuerzo. Tener el equipo adecuado. Fijar objetivos. Resiliencia.* Tal vez te suenen conocidas a ti también.

Ahora bien, no me malinterpretes. Todas esas piezas del rompecabezas del éxito son relevantes. Sin embargo, hay una pieza ausente cuyo valor se subestima. De hecho, la falta de esta sola pieza podría minar por completo el mejor talento, esfuerzo y fijación de objetivos. Podría deshacer todo lo que un excelente equipo o una disciplina estelar te ayuden a construir. Esta pieza que falta en el rompecabezas del éxito a menudo se aborda independientemente de las demás. Se la conoce con diferentes nombres: *Comunicación. Influencia. Presencia. Confianza. Marca personal. Trato.*

Me gusta referirme a la misma como tu voz. Abarca todo lo que te comunicas a ti misma y lo que comunicas de ti. Tu voz es cómo hablas con el mundo y cómo te hablas a ti misma, un filtro a través del cual procesas y presentas todas tus creencias dentro de ti y a quienes te rodean. Tu voz puede sabotear el mejor talento y reforzar un talento promedio. Puede hablar al corazón del hombre hecho para ti, y puede proteger tu corazón como un fuerte escudo contra alguien que te haga daño.

Es cómo te presentas al mundo.

Las mujeres exitosas hablan diferente. Por ello, las puertas de la oportunidad, ya sea personal o profesional, se abren más fácil, rápido e inesperadamente. Eso fue lo que sucedió con Lisa y Cristian, y a la pobre Karina tomó por sorpresa. Karina tenía talento y disciplina, se esforzó, se fijó un objetivo e, incluso, se recuperó de la decepción; pero no sirve de nada "cumplir con todos los requisitos" si falta algo.

---

*Tu voz puede sabotear el mejor talento y
reforzar un talento promedio.*

Parece un poco injusto y, si lo estás experimentando, podría ser tu mayor frustración. *¿Qué estoy haciendo mal? ¿Por qué no logro avanzar? ¿Cómo es posible que alguien con menos talento llegue más lejos que yo?*

Estas son buenas preguntas, pero ten cuidado de cómo las respondes. No juegues a la víctima ni insistas en que llevas todas las de perder. Considera que, tal vez, solo tal vez, hay un defecto que debes corregir y que no necesitarás hacerte estas preguntas en el futuro. ¡No te preguntarás por qué no estás avanzando si ya lo has logrado! La persona con menos talento no llegará más lejos.

Es hora de que aprendas a usar tu voz de una manera diferente.

Puedes comunicarte abiertamente en tus relaciones.

Puedes hablar con confianza de tus necesidades y deseos.

Puedes dejar de usar tu voz para castigarte por tus errores.

Puedes manifestar confianza en tus objetivos más encumbrados.

Es hora de descubrir cómo.

"Siento que estoy haciendo todas las cosas bien. ¿Por qué no veo los resultados?"

¿No te faltará una pieza? Hazte estas preguntas para averiguarlo:

- ¿El miedo te impide hablar, comunicar ideas o pedir lo que quieres?

- ¿Notas a veces que las personas toman lo que tú dijiste de manera incorrecta o malinterpretan tus intenciones?

- ¿Te ha resultado difícil relacionarte con una buena mentora o con colegas exitosas que podrían ayudarte a lograr tus objetivos?

- ¿Sueles lamentar no haber dicho lo que querías decir en una conversación porque no te comunicaste de manera auténtica en ese momento?

Eres capaz de mucho más de lo que crees

Por qué debes dejar de subestimar tu capacidad y animarte a buscar mejores posibilidades.

Lecciones clave

- La confianza impulsa a la acción, y la acción produce una mayor confianza.
- Tomar decisiones inteligentes por adelantado hace que todo el camino sea más fácil.
- Los pasos audaces conducen a destinos estelares.

Uno de los hallazgos más fascinantes en la investigación sobre los hombres, las mujeres y la comunicación es que, como mujeres, tenemos la tendencia a subestimar nuestro propio potencial. En un estudio, por ejemplo, después de hacer una prueba, las mujeres tendían a pensar que les había ido peor de cómo realmente les había ido. Los hombres, por otro lado, tendían a pensar que les había ido mejor de como realmente les había ido. En otros estudios, los hombres y las mujeres calificaron sus actuaciones mejor de lo que realmente eran, pero los hombres exageraron los resultados dos veces más que las mujeres. Los investigadores incluso han acuñado un término para esta tendencia de los hombres. La denominan "sincero exceso de confianza".[1] Esta es la cuestión: Si tú piensas sinceramente que eres mejor de lo que eres,

---

1. "Men's Honest Overconfidence May Lead to Male Domination in the G-Suite", Sala de Prensa de la Universidad Empresarial de Columbia, http://www8.gsb.columbia.edu/newsroom/newsn/1879/men8217s-honest-overconfidence-may-lead-to-male-domination-in-the-c8211suite.

lucharás por oportunidades aun cuando podrías no estar muy calificada o preparada. ¡Y, aunque no consigas algunas oportunidades, conseguirás otras! Y creerás que te mereces más. Te comunicarás con más confianza y otras personas llegarán a creer que eres capaz. Debido a estar expuesta a las oportunidades, aprenderás habilidades clave antes de lo que las aprenderías si te hubieras subestimado y no te hubieras animado a buscar mejores posibilidades.

Eres más capaz de lo que crees. Tienes que creerlo. Deja de subestimarte. Cuando lo hagas, comenzarás a expresar tu apertura a una vida mejor, en tus relaciones, tu carrera, tus finanzas e incluso tu salud. Tu fe crecerá y tu éxito también. He aprendido esto de la manera más difícil.

Ahora, al mirar atrás, parece sumamente ridículo. Una mujer joven, recién graduada de la universidad, antes de cumplir veintidós años con una maestría en Periodismo. Calificaciones excelentes. Una tonelada de artículos bien escritos e interesantes en su haber. Una pasantía de relaciones públicas en la oficina del gobernador y otra en relaciones con los medios de comunicación para un equipo de hockey profesional, donde coordinó conferencias de prensa y trabajó en el programa de televisión del equipo. Capacidad para entrevistas elocuentes y reflexivas, y una lista de empresas de relaciones públicas y medios de comunicación donde le gustaría trabajar. Solo hay un problema: no se pone en contacto con ni siquiera una de ellas para obtener una oportunidad de trabajo.

Ese día en particular, ella pule su currículum por decimosexta vez antes de escribir otra carta de presentación. Necesita saber a qué persona de la firma enviarla. Es una empresa de muy buena reputación. Tienen oficinas en todo el mundo y en la ciudad en la que ahora vive. Seguramente, sería la candidata perfecta para un puesto de asistente de ejecutivo de cuentas de nivel inicial. Sin embargo, mientras lee la descripción del puesto, considera que tiene solo el 80% de la experiencia y las habilidades requeridas. Así que decide no postularse.

Este es el pensamiento que ella escucha: "Te dieron una lista de requisitos. Tu experiencia no refleja toda la lista. ¿Por qué perder tiempo? Ya mencionaron lo que desean". Ella toma la lista literalmente, como si hubiera una sanción y un castigo por postularse sin cubrir todos sus requisitos. Tal precisión le ha servido bien a veces y realmente podría hacer bastante feliz a un cliente de relaciones públicas, pero, en una búsqueda laboral, es la manera rotunda de sabotearse a sí misma. Está arraigada en otra cosa que tiene el potencial de hacer descarrilar su carrera en el futuro.

No postularse para el trabajo es, en realidad, un instinto de supervivencia. En el fondo, su temor al rechazo es tan grande que preferiría seguir buscando oportunidades para las cuales le sobran cualidades, en lugar de arriesgarse a que le digan que no cumple con los requisitos. He tenido tiempo de sobra para analizar los problemas y motivos de esta joven, porque esa joven era yo.

¡Oh, cómo me gustaría poder volver atrás y aconsejar a mi "yo" más joven! Pienso en ese período de búsqueda laboral cuando me quedaba mirando un nombre y pensaba: "Debo contactar con esa persona". A pesar de ello, no lo hacía.

¿Qué me diría a mí misma si tuviera la oportunidad? "Alguien va a ver tu potencial y estará encantado de contratarte". "No necesitas estar 100% calificada en los papeles para conseguir el trabajo. ¡Solo tienes que ofrecerte para ese trabajo! Así es como funciona en el mundo real".

Pensé que solo mi joven "yo" había tenido ese problema hasta que comencé a investigar sobre el asunto y descubrí lo siguiente:

- Las mujeres son más propensas que los hombres a subestimar su capacidad.

- Las mujeres hablan con menos confianza de sus logros.

- Las mujeres son más propensas a solicitar un empleo solo cuando cumplen con todos los requisitos mencionados.

De modo que no solo me sucedió a mí a una edad temprana, sino a muchas otras mujeres. Debido a que adoptamos esta actitud una y otra vez, terminamos por tener una serie de iniciativas menos audaces que nos conducen a destinos menos estelares. Somos talentosas, pero frustradas; trabajamos duro, pero no vemos la recompensa por nuestros esfuerzos.

Las mujeres más exitosas saben cuáles son sus habilidades y cuáles necesitan adquirir. Este conocimiento les da confianza, y esa confianza las compele a actuar. Al conocer su capacidad y sus posibilidades, estas mujeres son más exitosas que sus compañeras.

Tus creencias internas acerca de ti misma influyen
de manera directa en tu éxito externo.

Acción, confianza, acción

Hacía un año que Lorena había empezado sus entrevistas de trabajo, una vez terminada su licenciatura en Ciencias Empresariales. Parecía insegura y luchaba por hablar con precisión de sus habilidades. Su informe a sus padres después de cada entrevista era que había sido un total fracaso, que le había ido terriblemente mal o que debería haber respondido las preguntas de manera diferente.

Al final, para su propia sorpresa, Lorena consiguió un codiciado trabajo como analista en una de las 500 mejores empresas estadounidenses, según la clasificación de la revista *Fortune*. Evidentemente, la percepción de su desempeño no fue muy exacta. ¿Qué le ayudó finalmente a sobresalir?

Lorena no solo cae bien fácilmente por ser auténtica y amigable, sino porque es inteligente y trabajadora. Tenía algo más a su favor: la disposición a pedir y considerar la opinión de otros. Comentaba sus aspiraciones con su familia y sus amistades. Pedía el consejo de personas mucho más avanzadas en su carrera, y estaba dispuesta a seguirlo. El mismo hecho de que estuviera dispuesta a *actuar* es una prueba de que tenía cierta confianza.

He aquí por qué digo eso: la confianza es lo que nos impulsa a actuar, y la acción produce una mayor confianza. A veces es la confianza de los demás la que nos da el valor de dar los primeros pasos. Nuestra percepción no siempre es acertada, por lo que necesitamos mentoras sabias que puedan guiarnos en la dirección de nuestras posibilidades. En el caso de Lorena, la confianza de sus mentoras en ella le dio la confianza que necesitaba en sus entrevistas. Por lo tanto, cuando llegó el momento de la entrevista para el trabajo que finalmente consiguió, Lorena estaba preparada.

Tus creencias internas acerca de ti misma influyen de manera directa en tu éxito externo. Si crees que no estás preparada, calificada y capacitada, esa creencia te impedirá tomar riesgos y aceptar oportunidades. Sin embargo, si sabes que eres capaz de aprender nuevas habilidades, te enfrentarás a nuevos retos con confianza y una actitud positiva.

La confianza impulsa a la acción. Desarrollar confianza te ayudará a avanzar y dar los pasos siguientes. Si crees que eres capaz, actúas como tal. La confianza perpetúa el éxito.

La acción da forma a la creencia. Cuando empiezas a actuar como si estuvieras preparada para más, tus emociones se ajustarán a ello. Crees que más es posible. Por consiguiente, tus acciones se alinean con la creencia. Esto puede potenciar grandemente hasta las acciones más pequeñas.

¿Qué medidas prácticas puedes tomar hoy para desarrollar tu confianza? Busca ideas para dar pequeños pasos que fortalezcan en gran manera tu desenvoltura y tu confianza:

-
-
-
-
-
-
-
-

La confianza es lo que nos impulsa a actuar,
y la acción produce una mayor confianza.

Un comienzo estelar

Ojalá hubiera tenido la confianza necesaria para actuar en los primeros años de mi carrera. Me estaba rindiendo aun antes de comenzar. Muchas mujeres con talento y ética de trabajo similares se posicionan en un punto de partida de menor nivel, simplemente por no dar esos primeros pasos. Subestiman su capacidad, de modo que apuntan a algo inferior de lo que realmente son capaces de hacer. ¡Y eso es exactamente lo que obtienen! Los años pueden pasar sin que se exasperen por trabajar en un lugar que está por debajo de donde realmente desearían estar.

"Las personas más exitosas toman decisiones sabias temprano en la vida y ejecutan esas decisiones por el resto de sus vidas". Escuché al experto en liderazgo, John Maxwell, decir esto hace algunos años, y me quedó grabado. Ya sea en tus relaciones, tu carrera, tus prácticas financieras, tus hábitos de salud y aptitud o tu vida espiritual, comenzar con firmeza hace que el resto del camino sea más fácil.

PARTE 2

9 hábitos que desarrollan confianza, valor e influencia

Habla como una mujer exitosa

Lo que comunicas sin decir una palabra

Aprende a cambiar tu discurso

Inspira confianza a través del respeto

Formula preguntas poderosas

Pide lo que quieres

Debes saber qué no decir

No hables solo de manera positiva, sino también con precisión

Sé una persona que está presente

Habla como una mujer exitosa

*Tu comunicación verbal puede predecir
la probabilidad de tu éxito.*

La voz humana es el órgano del alma.
HENRY WADSWORTH LONGFELLOW

Lecciones clave

- Las voces agradables se interrumpen menos, influyen más en las decisiones e ideas, y captan más la atención.

- Tu voz suena diferente a los oídos de otros que a los tuyos; de modo que escucharte a ti misma es un paso decisivo para mejorar el sonido de tu voz.

- La inflexión de la voz, el tono y la velocidad de las palabras, de manera subconsciente, comunican tu inseguridad o tu autenticidad.

Fue una semana antes que se otorgara el trofeo Heisman. Me senté a esperar con expectativa para entrevistar a Charlie Ward, el atleta superestrella, en dos deportes de mi universidad *alma mater*, que ese año recibiría el trofeo. Mientras estaba sentada en el vestíbulo del centro atlético de la Universidad Estatal de Florida [FSU, por sus siglas en inglés], hice una verificación mental: *Preguntas para la entrevista. Verificado. Libreta de apuntes. Verificado.* Presioné la tecla de grabado y se encendió la diminuta luz roja, lo cual confirmaba que la grabadora estaba lista para registrar cada palabra de Charlie. *Grabadora. Verificado.*

Mientras esperaba sentada en una de las sillas acolchadas a que él llegara del vestuario después del entrenamiento, traté de parecer relajada y segura.

Normalmente, eso no era demasiado difícil para mí, pero se trataba de *Charlie Ward*. Y era 1994. En Tallahassee. Ya era una leyenda y aún faltaba un mes para que la FSU se llevara su primer campeonato nacional. La espera me estaba empezando a poner un poco ansiosa.

Era mi primera entrevista importante y quería que saliera bien. *Realmente bien*. La espera me dio tiempo adicional y empecé a pensar demasiado. Mientras mis pensamientos saltaban de una cosa a la siguiente, comencé a cuestionar todo, incluso si me veía serena y relajada mientras esperaba. Crucé mis piernas. Luego decidí que podría parecer insinuante. Así que las descrucé. Me recliné en la silla. Luego decidí que era demasiado casual. Entonces decidí sentarme derecha y echar un vistazo a mis notas. Volví a probar mi grabadora una vez más para asegurarme de que estaba funcionando. Lo estaba. Respiré hondo varias veces.

Y luego apareció.

—Hola, Charlie —lo saludé.

—¿Eres Valorie? —preguntó.

Y así comenzó nuestra conversación. Una charla superficial al principio. Luego pulsé la tecla de grabado y pasé la página de mis notas.

Fue entonces cuando algo salió mal. Mi grabadora, la que había probado dos veces mientras esperaba a Charlie, de repente dejó de funcionar. Empecé a lidiar torpemente con ese desperfecto. Cada vez que pulsaba el botón de grabación, este se disparaba de nuevo.

¿En serio, Val? —pensé—. *¿Has estado planeando esta entrevista durante dos semanas y ahora la grabadora no funciona?*

Traté de hacer como si nada pasara, pero mi mente comenzó a acelerarse: *Es fin de semana. Tengo que hacer este artículo. Conseguir a Charlie Ward para otra entrevista antes de mi plazo de entrega será imposible.* Traté de extender esa charla superficial mientras presionaba la tecla una y otra vez, pero, de repente, mi voz no sonaba como de costumbre, como si todo estuviera bien. Comencé a tartamudear.

Él debió sentir el pánico que estaba brotando de mi interior, porque entonces dijo exactamente lo que no quería oír, algo que indicaba que podía percibir mis intentos de parecer serena y segura. Con una voz que parecía genuinamente sorprendida y totalmente alentadora, pronunció suavemente estas palabras:

—No estarás nerviosa, ¿verdad?

Para una mujer que le gusta tener todo bajo control, confrontarse con la posibilidad de no ser tan competente fue como si un foco de luz alumbrara mis inseguridades.

—Mmm. No —murmuré—. Es solo que mi grabadora está… funcionaba bien hace un momento…

Sonrió y se ofreció a ayudar con la grabadora y, al instante, volvió a funcionar. El resto de la entrevista fue fantástica.

Probablemente hayas tenido mi reacción de aquella tarde en algún momento de tu vida. La ironía de tratar de ocultar nuestra ansiedad es que se nota de todos modos. Si nuestro lenguaje corporal no lo muestra, nuestra voz sin duda lo hará. Nuestros sentimientos se manifiestan en las palabras que decimos, en lo rápido que hablamos, en la firmeza de nuestra voz e, incluso, en nuestro tono de voz.

Tu esencia vocal puede contribuir a cómo te ven los demás, lo que creen de ti y las puertas que finalmente se te abrirán.

La esencia vocal

Tu "esencia vocal" es la calidad de lo que otros oyen cuando hablas. Es la esencia de lo que expresa tu voz. Lo que tu voz expresa brota de lo profundo de tu mente, de tu alma y tu espíritu. El poeta Henry Wadsworth Longfellow dijo: "La voz humana es el órgano del alma". Como el músico que expresa su arte a través de un instrumento, expresamos el arte de nuestros pensamientos y nuestras emociones a través de la voz. La felicidad, la ira, la tristeza, la autoridad, la cordialidad, todo se transmite en el poder de la voz. Sin embargo, la mayoría de nosotras nunca pensamos mucho en la voz o, más específicamente, en nuestra esencia vocal.

Puedo saber lo que está pasando al *escuchar* no solo las palabras que usas, sino también el tono, la velocidad, el volumen y la claridad con la que hablas. Cuando decides disimular tu emoción al hablar con una voz monótona, las personas que escuchan pueden percibir que no estás siendo auténtica, que hay un muro entre tú y ellas. Incluso cuando finges tus emociones, el oyente podría percibir la falta de autenticidad. Es posible que no sea capaz de determinar con exactitud lo que el hablante está fingiendo, pero en su interior tiene la sensación de que simplemente algo está "fuera de lugar". Si la voz es el órgano del alma, entonces es el alma la que mejor percibe.

Pues bien, ¿qué puedes hacer al respecto? ¿Realmente puedes introducir cambios que transformen el sonido de tu voz?

Absolutamente. Es posible "hablar como una mujer exitosa" con solo hacer pequeños ajustes en tus interacciones y pensamientos cotidianos. De hecho, para ser aún más exitosa es absolutamente necesario. El éxito está determinado no solo por el talento y el esfuerzo, sino también por tu influencia sobre los demás. Esa influencia proviene de tu capacidad de comunicar ideas y conceptos y transmitir confianza, credibilidad y calidez. El elemento más básico de comunicación es tu *voz*.

Tu "esencia vocal" es la calidad de lo que otros oyen cuando hablas.

Como puedes haber experimentado, la forma en que las personas perciben la esencia de lo que dices y cómo lo dices puede abrir puertas o cerrarlas, fortalecer relaciones o debilitarlas. De modo que, si quieres alcanzar niveles más altos de éxito y felicidad, empieza por esto: mejora tu esencia vocal, la calidad de cómo tu alma se expresa en el mundo.

Tu esencia vocal puede contribuir a cómo te ven los demás, lo que creen de ti y las puertas que finalmente se te abrirán. Vamos a empezar con este concepto más básico de cómo las mujeres exitosas hablan diferente. Quiero brindarte herramientas para ayudarte a mejorar tu esencia vocal, fortalecer tu influencia, hablar de manera auténtica y valiente, y comunicarte de una forma que represente tu propósito y visión más importantes.

Si la voz es el órgano del alma, entonces
es el alma la que mejor percibe.

¿Hablas con un tono dubitativo?

En las últimas décadas ha habido un cambio en particular persistente en la inflexión de la voz al hablar, que puede perjudicarnos cuando nuestro objetivo es hablar con firmeza. Tal vez lo hayas notado.

En los Estados Unidos, por lo general, se cree que esta modalidad de hablar, denominada "upspeak" en inglés, se originó en la región oeste. A menudo se la asocia con la manera de hablar de las "Valley Girls", que se hizo popular en la década de 1980, y que, desde entonces, se ha convertido en un estilo de comunicación entre los jóvenes. Los investigadores tuvieron curiosidad sobre esta tendencia —entre los jóvenes de la generación X— de terminar las frases con una inflexión ascendente, de manera tal que una declaración afirmativa suena más a una pregunta. Los estudios sobre el fenómeno atrajeron la atención de los medios. Lo creas o no, hay un término científico para esta manera de hablar: *inflexión final ascendente* [HRT, por sus siglas en inglés].[1]

En lugar de hacer una afirmación con firmeza, esta inflexión en la voz suaviza drásticamente la declaración y la hace sonar como una pregunta, como si estuvieras un poco dudosa. Los jóvenes son más propensos que los ancianos a hablar de esta forma, y las mujeres son más propensas que los hombres. Las mujeres suelen socializar y hablar de manera menos enérgica, categórica y segura, según la doctora en Filosofía Robin Lakoff, profesora de Lingüística de la Universidad de California en Berkeley. Lo que ella describe como "entonación creciente en oraciones declarativas" es un aspecto común de lo que ella llama "el lenguaje de las mujeres".[2]

Considera cada una de estas declaraciones y di cada una en voz alta mientras mantienes un tono de voz constante hasta el final. Entonces di la primera declaración en voz alta, pero cuando llegues a las dos o tres últimas palabras, eleva tu entonación como si hicieras una pregunta (marcadas en cursiva):

- Estás teniendo una conversación difícil con una amiga que le contó una confidencia a alguien sin tu permiso. Ella se disculpa, pero tú estás muy decepcionada y quieres llegar a un acuerdo sobre cómo seguir adelante con la amistad:

  Con un tono dubitativo: En el futuro, solo te pido que todo lo que hablemos, a menos que específicamente te diga que puedes comentarlo, *¿se quede entre tú y yo?*

---

1. Yana Skorobogatov, "What's Up with Upspeak?", Universidad Berkeley de California, 21 de septiembre de 2015, http://www.matrix.berkeley.edu/research/whats-upspeak
2. Robin Lakoff, "Language and Woman's Place", *Language in Society 2*, n.º 1 (abril, 1973): 45-80.

> **Con firmeza:** En el futuro, solo te pido que todo lo que hablemos, a menos que específicamente te diga que puedes comentarlo, se quede entre tú y yo.

- Estás sentada en una reunión de trabajo. Tienes una opinión o una recomendación. Quizás te han pedido que aportes una solución y tú respondes…

> **Con un tono dubitativo:** Recomiendo que procedamos con *¿la primera opción?*
>
> **Con firmeza:** Recomiendo que procedamos con la primera opción.

- Estás en una entrevista de trabajo y sabes que estás calificada para ese nuevo puesto. Respondes una pregunta para resaltar una importante experiencia:

> **Con un tono dubitativo:** En mi último trabajo era responsable de gestionar *¿el presupuesto operativo?*
>
> **Con firmeza:** En mi último trabajo era responsable de gestionar el presupuesto operativo.

¿Por qué terminar una afirmación de tal manera que suene como una pregunta? Si temes que la persona con la que estás hablando pueda mostrar desaprobación o desagrado, cambiar el tono de tu voz y hacer que la afirmación suene como una pregunta es una forma de pedir su aprobación. Suena inseguro. Si tu declaración es una solicitud, hablar con esta inflexión en la voz hace que la solicitud sea opcional.

Podemos sabotear nuestras propias palabras con solo cambiar el tono de voz al formular una declaración certera como una pregunta incierta o una solicitud de permiso. No estoy sugiriendo que debes hablar con dureza o exigencia, sino que debes ser intencional y auténtica en tus declaraciones. Esto no solo transmite tu seguridad en lo que dices, sino que también hace que otros se sientan más seguros de ti. Piénsalo. ¿Te resulta más fácil delegar una tarea importante a una persona que parece dubitativa o a una que parece segura de sí misma?

Sostén tus declaraciones. Mantén tus ideas. Atribúyete el mérito por ellas y defiéndelas. Eso no significa que no estés abierta a las ideas de otras personas y que hagas ajustes a las tuyas después de escuchar otras opiniones. Es totalmente posible sostener tus declaraciones y permanecer flexible y abierta a otras posibilidades.

Es posible "hablar como una mujer exitosa" con solo hacer pequeños ajustes en tus interacciones y pensamientos cotidianos.

Preguntas que deberían ser afirmaciones

Otra forma de sabotear tu comunicación es lo contrario a hablar con una inflexión ascendente en la voz. Es formular declaraciones como si fueran preguntas… ¡y luego replicar a cualquiera que te da la respuesta incorrecta! Algo parecido a lo siguiente:

> Mary: ¿Deberíamos comprar la almohada marrón en vez de la roja para que ese color quede un poco más suave junto a la pared?
>
> Julia: No, no lo creo. El rojo combina mejor con la manta que está sobre el sofá.
>
> Mary: Sí, pero no hay nada más rojo en la habitación.
>
> Julia: Entonces, ¿para qué preguntas si quieres la marrón?

Solo pregunta si realmente quieres escuchar la opinión del otro. De lo contrario, lo exasperarás. Las personas pueden comenzar a cerrarse, y ni se molestarán en responder tus preguntas porque nunca valoras sus respuestas. Se dan cuenta de que tú no quieres una respuesta, información nueva o una opinión. Solo quieres que estén de acuerdo contigo.

Podemos sabotear nuestras propias palabras con solo cambiar el tono de voz.

Tu voz es la expresión de tus pensamientos

Uno de los principios centrales de mi libro *Las mujeres exitosas piensan diferente* es entender que tus pensamientos crean tus acciones. Si eres consciente de lo que estás pensando sobre tu situación, puedes decidir conscientemente si ese pensamiento te está acercando a tus objetivos o te está alejando. No obstante, tus pensamientos no solo te llevan a tomar acciones como iniciar una conversación, retomar los estudios o volver a abrir tu corazón después que te lo han roto, sino que también conforman el sonido de tu voz. Tu voz es la expresión externa de tu estado interno.

Si tu estado interno está ansioso, por ejemplo, y crees que el peligro puede ser inminente, tu voz reflejará esa ansiedad. Tu cuerpo responde al pensamiento de la ansiedad. Es fisiología básica.

El sonido de tu voz está regulado por el nervio vago, que es fundamental para el sistema nervioso parasimpático. Cuando se estimula el nervio vago, que puede ocurrir como una respuesta de lucha o huida a pensamientos que producen ansiedad, los músculos de las cuerdas vocales sufren un espasmo. Esto puede hacer que tu voz empiece a temblar o a "sonar nerviosa". Además, cuando estás estresada o nerviosa, por lo general, no respiras hondo. Como resultado, no tienes el aire que crea la presión necesaria para que la voz suene firme.

¿Qué puedes hacer al respecto?

- Sé consciente de lo que piensas y cambia los pensamientos adversos por otros productivos. En vez de especular sobre un pensamiento adverso, cambia intencionalmente de entorno y redirige tus pensamientos o participa de una actividad que haga que tu mente se mueva en una nueva dirección.

- Haz ejercicio. El ejercicio depura la energía negativa.

- Practica. Si hay algo que necesitas decir que te incomoda o te pone ansiosa, o que debes presentar ante un grupo, practica lo que vas a decir de antemano. Incluso grábalo y escúchalo para encontrar los puntos que debes mejorar. La práctica alivia la energía nerviosa.

- Hidrátate. La hidratación alivia la sequedad bucal. Bebe agua antes o durante las conversaciones importantes.

- Háblalo con alguien. Elige sabiamente, pero identifica a

alguien que te ayude a poner tus pensamientos negativos en perspectiva y restaurar tu sentido de confianza y calma.

La forma en que las personas perciben la esencia de lo que dices y cómo lo dices puede abrir puertas o cerrarlas, fortalecer relaciones o debilitarlas.

Cuatro fases

Cuando los investigadores describen los patrones retóricos para los oradores públicos, identifican cuatro fases convencionales: *anticipación, confrontación, adaptación* y *liberación*. Aunque no hables en público, habrás experimentado estas fases, porque también ocurren en otras conversaciones de alto interés como entrevistas, reuniones importantes o conversaciones difíciles con las personas.

La máxima ansiedad suele producirse en la fase de la anticipación. La anticipación puede desencadenar un temor central a la incertidumbre. Cuando no sabes lo que va a suceder, puedes permitir que tu imaginación activa se haga cargo y visualice todo tipo de escenarios inquietantes.

Aunque la ansiedad puede persistir a través de las cuatro fases, tiende a disminuir a medida que participas en la conversación o presentación. En ese momento, tu mente está participando activamente en la tarea en cuestión, lo que hace más difícil imaginar simultáneamente escenarios improbables. Además, a medida que te comunicas te vas relajando y te vas adaptando a la realidad en lugar de imaginar algo poco probable. Si bien es importante manejar todas las fases, la que produce el pico de ansiedad —la anticipación— ofrece la mayor oportunidad para reducir el tipo de estrés que afecta tu voz.[3]

En la fase de anticipación, tampoco es extraño ser catastrofista. El catastrofismo es la tendencia a imaginar el peor de los casos o escenarios irracionales de lo que está a punto de suceder. La palabra clave aquí es *irracional*. No es solo el temor de no responder las preguntas como tú querías o de no conseguir el empleo. Esos son temores lógicos. Estoy

---

3. Chris R. Sawyer y Ralph R. Behnke, "State Anxiety Patterns for Public Speaking and the Behavior Inhibition System", *Communication Reports 12, n.º 1* (1999): 33-41, doi: 10.1080/08934219909367706.

hablando de la película aterradora, que da vueltas en tu cabeza y te llena rápidamente de ansiedad cuando piensas en una catástrofe poco probable. Te imaginas que la entrevista va tan mal que el gerente de contratación lee tu currículum, se ríe en tu cara y grita: "¿Qué te hizo pensar que podías presentarte para este trabajo?". No tienes probabilidades.

Una amiga mía ilustró esta situación cuando me contó los pensamientos catastrofistas que la habían plagado en la universidad antes de una entrevista para un trabajo que necesitaba imperiosamente. Este es su relato:

> El entrevistador empezó a hacer preguntas. Abrí mi boca para responder, pero nada. ¡No salía nada! Mi mente se quedó completamente en blanco. Y, aunque trataba de decir algo coherente, seguía estando demasiado paralizada para que me salieran las palabras. Mis pensamientos se pusieron en marcha. *Es evidente que no soy competente* —pensé—. *Voy a fallar esta entrevista. No voy a conseguir el empleo, pero necesito el trabajo o, de lo contrario, no podré pagar mi alquiler. Me van a echar de mi apartamento. ¿Por qué firmé ese contrato de alquiler para un apartamento fuera del campus? Sin un lugar donde vivir, mis calificaciones serán un desastre. Cuando eso suceda, ¡voy a perder la beca! No puedo perder mi beca. ¡No podré pagar la matrícula! ¡Me van a expulsar de la universidad! Y eso no es lo peor. Mis padres ya me dejaron claro que, después de la graduación de la escuela secundaria, no puedo vivir en casa a menos que esté estudiando. ¡Muy pronto voy a ser una desertora escolar sin casa y sin lugar donde vivir!*

Ahora, imagina que estos son los últimos pensamientos que tienes antes de entrar a una entrevista de trabajo. ¿Expresará tu esencia vocal los pensamientos y las emociones que más deseas transmitir? Probablemente no.

En esa ocasión, mi amiga tomó conciencia de sus pensamientos y decidió que necesitaba calmarse y controlarlos antes de la entrevista. Llamó a una amiga para que la animara, quien le recordó lo diligente y sociable que era, dos cualidades importantes para el trabajo. Pasó los últimos minutos antes de la entrevista en el coche, respirando hondo, orando e imaginando que hablaba con facilidad y gracia. Funcionó. Ella dice que tuvo algunas dificultades en la entrevista, pero su entusiasmo y su autenticidad prevalecieron sobre ellas. De hecho, en un momento en que no tenía una respuesta rápida a una pregunta, dijo con sinceridad: "Estoy un poco nerviosa". Consiguió el empleo. Nunca perdió el alquiler. Sus calificaciones no disminuyeron. Conservó su beca. Se quedó en la universidad. Y no tuvo que pedir a sus padres que reconsideraran su postura sobre permitirle vivir en casa sin estudiar.

Si eres consciente, puedes articular lo que está sucediendo, cuando está sucediendo y adoptar algunas medidas que calmen tus pensamientos ansiosos y, por consiguiente, apacigüen las respuestas fisiológicas que sientes fuera de control.

Sostén tus declaraciones.

Mejora el sonido de tu voz

Una persona con una voz firme, que es agradable de escuchar, tiene una ventaja sobre la persona con una voz débil. Una voz firme se interrumpe menos y capta más la atención.[4] En entornos profesionales, las mujeres tienden a hablar menos, se interrumpen más y se analizan sus declaraciones con más dureza. Las interrupciones están directamente relacionadas con la fuerza del que habla. Si tienes una voz firme, te ven como una persona más competente. Estas diferencias son significativas cuando tienes un mensaje que comunicar, quieres que te tomen en serio o necesitas influir en una decisión, ya sea en un entorno personal o profesional. Así como caminamos sin pensar, también hablamos sin pensar. Sin embargo, pensar en cómo suena tu voz puede ayudarte a tomar conciencia sobre cómo mejorar su sonido.

---

4. Alice Robb, "Women Get Interrupted More—Even by Other Women", *New Republic*, 14 de mayo de 2014, https://newrepublic.com/article/117757gender-language-differences-women-get-interrupted-more.

Según la Academia Norteamericana de Otorrinolaringología, tres elementos componen la producción de la voz:

- **Tu fuente de energía** (pulmones)

    El poder de tu voz proviene del aire que exhalas. Cuanto más hondo respiras, más firme es tu voz. La corriente de aire creada en la tráquea después de exhalar produce el sonido que pasa por tus cuerdas vocales. Una corriente de aire fuerte y constante potencia los sonidos claros.

- **Tu caja de voz** (vibración)

    La laringe, comúnmente llamada "caja de voz", se encuentra en la parte superior de la tráquea y tiene dos pliegues (las cuerdas vocales) que vibran rápidamente al producir el sonido de tu voz cuando el aire pasa entre ellas.

- **Tu resonador** (garganta, nariz, boca y senos nasales)

    El sonido que sale de tu boca está influenciado por la forma del tracto resonador, formado por la garganta, la nariz y la boca. Esta forma es única para ti y crea un sonido único. También explica por qué tu voz suena diferente cuando estás enferma. Problemas como la inflamación cambia la forma de tu tracto resonador y produce un sonido totalmente distinto.

En entornos profesionales, las mujeres tienden a hablar menos, se interrumpen más y se analizan sus declaraciones con más dureza.

Aquí hay algunas maneras prácticas de mejorar tu propia esencia vocal:

1. Respira correctamente. La manera de respirar correcta es hacerlo desde el diafragma. Inhala a través de la nariz y siente o mira cómo aumenta tu vientre más que tu pecho. Al inhalar, el diafragma se tensa y se mueve hacia abajo. Esto aumenta el espacio en tu cavidad torácica, lo cual permite que tus pulmones se expandan. Al exhalar, el diafragma se relaja y se mueve hacia arriba, lo cual empuja el aire y el dióxido de carbono a través del pecho hacia fuera a través de tu nariz o boca. Este tipo de respiración, literalmente, te da más vida. Te energiza, te relaja, agudiza tu estado mental y calma tus emociones. No solo eso, sino que permite un sonido más firme cuando hablas.

2. **Mantente derecha**. Una mala postura contrae tu respiración y debilita el flujo de aire que permitirá la fuente de energía de tu voz. Cuando hables, asegúrate de sentarte o levantarte, abrir el pecho y levantar la cabeza.

3. **Baja el tono de la voz**. Es posible que hayas oído o dicho que, para sonar más segura, debes bajar la voz. Curiosamente, un estudio británico citado en el periódico *Daily Mail* señala que "una comparación de las voces de las mujeres entre 1945 y 1993 revela que se profundizó significativamente en la segunda mitad de siglo. Durante ese tiempo, el tono promedio de las mujeres de 18 a 25 años disminuyó en veintitrés hercios, lo que equivale a la caída de un semitono".[5]

Sin embargo, es importante encontrar un tono que sea auténtico para ti. Algunas mujeres tienen voces naturalmente más agudas, y eso está bien. Lo que nadie quiere es una voz con un tono artificialmente más alto como resultado de la inseguridad o la falta de confianza. Cuando no estás relajada y no inhalas suficiente aire que te permita tener una voz auténtica, tu voz suena más alta. Cuando no te sientes fuerte, cuando en el fondo quieres enviar el mensaje subconsciente de que estás indefensa o eres ingenua, puedes hablar con una voz que suena más infantil. Por supuesto, algunas mujeres tienen condiciones médicas que provocan tonos más agudos, pero no estamos hablando de eso. Cuanto más firme y segura estés de hablar auténticamente con la verdad, más firme y segura sonará tu voz.

4. **Habla más pausado**. ¿Alguna vez notaste que hablas más rápido cuando tus emociones están exaltadas, ya sea que estés emocionada,

---

5. Citado en Rebecca Camber, "Why Women Who Want to Get Ahead Develop a Husky Voice", *Daily Mail*, 5 de junio de 2006, http://www.dailymail.co.uk/femail/article-389130.

nerviosa o molesta? Cuando tus pensamientos se precipitan, es difícil no decirlos todos de una vez sin ninguna pausa. Sin embargo, cuando hablas rápidamente, ¡los oyentes tienen que esforzarse demasiado para entender tu mensaje! ¡Escomotratardeleerestaspalabrassinespacioentreellas! Se pierde la esencia de tu mensaje.

Hablar demasiado rápido también se percibe como un signo de ansiedad y falta de confianza. Cuando te esfuerzas en decir cosas rápidamente, el mensaje subconsciente es que tus palabras no son tan importantes o que crees que la gente no quiere escucharte. Si ese es el caso, es muy probable que las personas perciban ese mensaje subconsciente y te dejen de escuchar. Cuando hablas pausado, deliberadamente adviertes a los oyentes: "Escuchen. ¡Esto es importante!". Tú y tu mensaje merecen ser escuchados, por ello debes dar ese mensaje con cuidado y resolución.

Tal vez hayas notado que la mayoría de la gente no escucha bien. Es muy importante que lo recuerdes, porque las personas más exitosas tienen este hecho en cuenta. Debes procurar que sea lo más fácil posible escucharte. Si hablas demasiado rápido, tu mensaje se perderá. Los oyentes pueden incluso dejar de escuchar o entender solo un par de tus conceptos, y puede que ni siquiera sean los conceptos que más querías transmitir.

No hagas de escucharte una tarea complicada. Haz que sea fácil. Una de las maneras más rápidas de hacerlo es disminuir deliberadamente el ritmo de tu discurso si hablas rápido. Aunque tampoco debes hablar demasiado lento. Así como no quieres perder la atención del oyente por hablar demasiado rápido, tampoco debes perder su atención porque piensen: "¡Apresúrate!, ¿quieres?". Piensa en tu presentador de noticias favorito. Ese es generalmente un buen ritmo. Claro y sostenido.

5. Presta atención a tu dicción. Nací en el sur, en el norte de Florida, para ser exactos. Mi familia es de Carolina del Sur y he pasado muchos veranos allí cuando era niña, rodeada de mis abuelos, tías y tíos, primos y amigos con quienes insistimos estar relacionados de alguna manera si rastreamos lo suficiente en el árbol genealógico. El acento del sur es como la nostalgia de la comida casera para mí. Yo siempre estaba yendo pa'allá. La abuela siempre estaba trayendo pa'acá algo de la huerta.

Y si le contabas una historia que parecía casi increíble, el abuelo siempre respondía: "¡'Ñaaaana, será otro día!". (¡No me preguntes por qué!). Por eso, sé que cuando doy este consejo, es con amor y afecto por una manera de hablar que le encanta abreviar las palabras. Mi acento sureño cambió después que me mudé a Denver en quinto grado. No creo que la gente de Colorado tenga ningún tipo de acento. Durante toda mi vida adulta, las personas han disfrutado al intentar adivinar de dónde soy, pero nadie ha acertado. ¡Tal vez sea mi inclinación a pronunciar las palabras completas lo que los despista! De todos modos, recuerda esto: cuando te "comes" vocales y consonantes importantes, las personas que te escuchan pueden perderse el significado de lo que estás diciendo, pero casi nunca te lo dirán. Llenarán el espacio en blanco con su propia imaginación o te dejarán de escuchar. Sea como sea, habrás perdido su atención.

Hablar demasiado rápido, como vimos anteriormente, no solo dificulta al oyente prestar atención a tu mensaje, sino que también afecta tu dicción. Cuando hablas rápido, no respiras suficiente aire que permita una voz firme. Podría pasarte que tu boca no puede mantenerse al ritmo de tu mente. En consecuencia, las terminaciones de tus palabras son más débiles y menos claras.

Si necesitas ayuda adicional con tu dicción, considera tomar clases de canto o de teatro para aprender técnicas de respiración, pronunciación y proyección de la voz. O prueba este ejercicio:

Utiliza tu teléfono inteligente u otra registradora de voz para grabarte mientras lees un párrafo en voz alta. Antes de grabar, marca una línea vertical aproximadamente cada cinco palabras, usa el final de una frase natural para decidir dónde colocar la marca. Respira y toma aire antes de leer cada oración. Lee cada palabra entera y pronuncia la última sílaba de cada palabra. Cuando llegues a la siguiente marca, detente. Inhala de nuevo y llena de aire tu diafragma. Lee la siguiente oración.

El propósito de este ejercicio no es que hables así en la vida real, sino que practiques la pronunciación para que tu dicción conversacional sea más clara.

6. Regula el volumen. Hace años entrevisté a una mujer con varias cualidades y una amplia experiencia que habría sido útil para mi empresa. Mi oficina estaba en una suite ejecutiva donde varias empresas compartían la recepcionista, el vestíbulo y las salas de conferencias, y cada oficina estaba una al lado de la otra. Cuando entrevisté a la candidata, el volumen de su voz era tan alto que se escuchaba a dos o tres oficinas contiguas a la mía. Al principio pensé que era solo su risa, pero rápidamente me di cuenta de que así era como ella hablaba. Era muy molesto. Y ella era completamente ajena a esta realidad. Lo que destaco es que, años más tarde, no recuerdo su nombre, sino solo su voz.

Ten en cuenta el volumen de tu voz y su efecto en las personas que te rodean. Asegúrate de que tu volumen sea apropiado para el lugar. Cuando hay más gente alrededor, es posible que tengas que alzar un poco la voz. Cuando estás hablando de información sensible o necesitas que las personas se acerquen y se sientan integradas, baja la voz. El volumen es una herramienta poderosa si la usas intencionadamente.

7. Grábate. Una de las formas más precisas y prácticas de mejorar tu esencia vocal es escucharte en una grabación. Cuando era adolescente, aprendí a cantar con esta técnica. Me grababa mientras cantaba y luego escuchaba lo que había grabado. Lo que sonaba bien lo seguía haciendo. Lo que sonaba mal, lo corregía. Repetía este proceso hasta que lo hacía bien. Fueron unos pocos años antes de tomar algunas lecciones de canto. Graba, escucha, corrige y vuelve a grabar. Te sorprenderás de lo rápido que puedes hacer ajustes que mejoren inmensamente lo segura, cordial o firme que pareces solo por escuchar el sonido de tu propia voz.

8. Presta atención a la inflexión de tu voz. El énfasis que pones en ciertas palabras, la cordialidad con la que hablas y la certeza o la incertidumbre con la que terminan tus declaraciones se notan en tu inflexión. Es por eso que dos personas pueden decir exactamente lo mismo, pero cada declaración tener un significado completamente distinto.

Cambios sutiles en el énfasis y la inflexión de la voz pueden modificar el significado entero de lo que dices. En la siguiente declaración, podría haber un total de siete significados diferentes. Di esta declaración en voz alta siete veces, cada vez con énfasis en una palabra diferente: *Nunca dije que ella agarró mi bolso.*

9. Recuerda que la "cordialidad" es poderosa. La *cordialidad* es una de las características de las personas que tienen éxito, que inspiran, lideran y transmiten más confianza. Una de las maneras en que tu cordialidad se manifiesta es a través del poder de la voz. Entonces, ¿cómo puedes sonar más cordial? Una forma es simplemente sonreír. No tienes por qué mostrar una sonrisa de oreja a oreja, basta con tan solo elevar la comisura de los labios. Un estudio de 2008 de Amy Drahota, una investigadora de la Universidad de Portsmouth en Gran Bretaña, dice que la sonrisa se puede escuchar.[6] Las personas emocionalmente perspicaces pueden distinguir diferentes tipos de sonrisas solo por el sonido de la voz.

La empatía también se puede escuchar a través de tu voz y es esencial para poder comunicarte de manera auténtica con los demás. La empatía puede significar hacer una pausa y dejar que se escuche la voz de otra persona en un momento cuando podrías seguir hablando. O puede expresar que estás escuchando al otro por medio de un simple gemido o susurro que indica que sientes algo como resultado de su experiencia.

Cuando las personas están teniendo un mal momento, no siempre están buscando la opinión de los demás. Lo que realmente quieren es aceptación. Los amigos quieren esto de quienes dicen ser amigos. Los maridos quieren esto de sus esposas, y las esposas lo quieren de sus maridos. Los hijos lo quieren de sus padres, y es lo que el compañero de trabajo que no quiso "meter la pata" quiere de sus colegas. Una voz cordial es como una manta suave recién sacada de la secadora en un día frío. Es un lugar cálido para descansar, un lugar al que deseas regresar cada vez que enfrentas un día frío y difícil.

"Hablar como una mujer exitosa" parece muy básico; lo parece, porque lo es. No es que no puedas tener éxito si tu voz no es cordial, si hablas demasiado rápido o si tu dicción no es clara. De ningún modo. Hay muchos ejemplos de personas que vencieron la primera impresión o cuyos oyentes aceptaron el hecho de que no fueran de ninguna de estas maneras. Sin embargo, el éxito llega más fácil cuando hablas como una persona exitosa, cuando es sencillo escucharte, cuando pareces auténtica, cuando tu voz es la que otros quieren seguir porque suena segura y

6. Amy Drahota, Alan Costall, y Vasudevi Reddy, "The Vocal Communication of Different Kinds of Smile", *Speech Communication 50*, n.º 4 (marzo de 2008): 278-87, doi: 10.1016 /j.specom.2007.10.001.

cordial al mismo tiempo. Tu voz es el órgano del alma. Asegúrate de que el órgano esté afinado para expresar la esencia de lo que realmente eres.

Pautas para el éxito

- Respira hondo y varias veces antes de abrir la boca para hablar.

- Coloca los hombros hacia atrás, levanta la cabeza y mantén la espalda recta cuando hables. No solo te sentirás más segura, sino que además el aire fluirá mejor y permitirá que tu voz suene más firme.

- ¡Habla más lento! Cuando tus emociones están exaltadas, hablas más rápido, pero esto hace que sea más difícil para otros procesar lo que estás diciendo.

- Si estás en el teléfono, especialmente en conversaciones importantes, ponte de pie para maximizar la energía y el sonido de tu voz.

- Cuando quieras sonar cordial, sonríe.

Lo que toda mujer debe saber

- Las personas son, en general, oyentes perezosos. Un sonido de voz agradable capta la atención, se interrumpe menos, e influye en el comportamiento y las decisiones.

- Tu aliento impulsa tu voz. Practica una correcta respiración y disminuirás la ansiedad, hablarás más segura y tu voz sonará más auténtica.

- Hablar con una inflexión final ascendente es un fenómeno bastante moderno que hace que tus declaraciones parezcan preguntas, de tal modo que el oyente pone en duda tu certeza sobre lo que estás diciendo.

Preguntas de reflexión personal

- ¿Con qué parte de este capítulo te identificas más? Por consiguiente, ¿qué paso darás?

- Observa cómo cambia tu voz cuando te sientes insegura o amenazada. ¿Se eleva? ¿Se vuelve agresiva? ¿Calmada? ¿Qué acciones podrías tomar para que tu voz sea más auténtica y confiada cuando te sientes insegura?

- Grábate mientras hablas y escucha lo siguiente: 1) si tu voz sale de tu diafragma, 2) la inflexión de tu voz, 3) la cordialidad, 4) la velocidad y 5) la dicción. ¿Qué área (s) deseas mejorar activamente? ¿Qué paso darás y cuándo?

Habla diferente

La voz humana es el órgano del alma. Sé intencional sobre cómo expresas tus pensamientos y emociones a través del poder de tu voz.

Lo que comunicas sin decir una palabra

Tu lenguaje corporal no solo repercute sobre cómo te ven los demás, sino sobre cómo te ves a ti misma.

Hablo dos lenguas: mi lengua
materna y el lenguaje corporal.

MAE WEST

Lecciones clave

- Tu mente no solo afecta a tu cuerpo. La ciencia demuestra que tu cuerpo también produce cambios en tu mente.

- El "poder de la postura" mejorará los niveles hormonales del cerebro, que te harán sentir más relajada, segura, entusiasta y auténtica.

- Pequeños ajustes en tu postura y tu apariencia pueden significar grandes cambios en tu vida amorosa, tu carrera y tu cuenta bancaria.

- Ser más atractiva es más fácil y menos superficial de lo que piensas.

Quiero que hagas algo por mí ahora. Quiero que sonrías. No una sonrisa a medias, ni una sonrisa cerrada, como la de la rana René [el personaje de los *Muppets*], sino una sonrisa de oreja a oreja, que deje ver todos tus dientes y te achine los ojos. ¿Lo estás haciendo todavía? Bueno. Está bien. Mantén esa sonrisa.

Ahora, mientras estás sonriendo, quiero que notes la sensación que te produce. Ese inexplicable leve hormigueo de efervescencia, en realidad, es resultado de la serotonina y las endorfinas, sustancias químicas que estimulan el sentido de la positividad en el cerebro.[1] Ya sea que estés genuinamente feliz o solo hagas el gesto de una enorme sonrisa en tu rostro para parecer feliz —lo que se conoce como "sonrisa de Duchenne"—, los músculos que se contraen desencadenan la liberación de serotonina y endorfinas. Me encanta el hecho de que no solo sonreímos porque somos felices, sino que, en realidad, nos sentimos más felices cuando sonreímos. Incluso con solo ponerte un lápiz en la boca o pronunciar el sonido de la letra "i", se disparan esas hormonas que te hacen sentir bien.

No obstante, vamos a profundizar un poco más. Una de las razones del poder de la emoción positiva es que afecta tu probabilidad de tener mayor éxito y felicidad. Según varios estudios,[2] la emoción positiva incrementa tu capacidad de hacer frente a la adversidad y el estrés. Amplía tu rango de pensamiento, lo cual significa que tomas mejores decisiones después de experimentar un incremento de emoción positiva. También es más probable que participes en prácticas saludables como el ejercicio. Aquellas personas que experimentan más emociones positivas, con el tiempo son más propensas a ser promovidas, recibir un aumento y tener un matrimonio fuerte y duradero. La emoción positiva no solo guarda relación con el éxito, sino que lo *provoca*.[3]

Aunque la sonrisa en sí no provoca el éxito, puede cambiar cómo te sientes, lo cual, a su vez, puede influir en tus decisiones.

Sonreír desencadena una reacción que provoca una emoción positiva, lo cual te conduce a tomar decisiones más sabias y precisas y a tener mayor resiliencia.

1. M. Iwase *et ál.*, "Neural Substrates of Human Facial Expression of Pleasant Emotion Induced by Comic Films: A PET Study", *Neuroimage 17*, n.º 2 (octubre de 2002): 758-68, http://www.ncbi.nlm.nih.gov/pubmed/12377151.

2. Es especialmente notable el trabajo de la Dra. Barbara Fredrickson de la Universidad de Carolina del Norte, reconocida por su investigación sobre los efectos de la emoción positiva en el comportamiento humano.

3. Sonja Lyubomirsky, Laura King y Ed Diener, "The Benefits of Frequent Positive Affect: Does Happiness Lead to Success?", *Psychological Bulletin 131*, n.º 6 (2005): 803-55, doi: 10.1037/0033-2909.131.6.803.

Si tomar la decisión de cambiar el estado físico de nuestro rostro puede producir sustancias químicas en el cerebro capaces de hacernos sentir bien emocionalmente, ¿qué más podemos cambiar de nuestro estado físico que mejore nuestro estado mental y emocional? Según parece, hay otras maneras de hacer simples cambios físicos que desencadenen estas mismas reacciones. Pueden producir mayor confianza, voluntad de asumir riesgos y optimismo, todos los cuales son predictores de éxito.

¿Puede una pequeña modificación en mi lenguaje corporal cambiar mis pensamientos?

Tu cuerpo es poderoso: úsalo para influenciar tu mente

Estoy por terminar un día de trabajo y todavía me queda un tramo final. Estoy empezando a dudar de que terminaré a tiempo todo lo que me propuse hacer, y me he estado recriminando por no haberme concentrado en el trabajo más temprano en el día. Soy enfática en dejar el trabajo en la oficina para poder concentrarme en mi familia; por eso estoy empezando a sentirme un poco estresada. Estuve reflexionando sobre algunos conceptos e ideas, sentada con mi codo apoyado en el par de centímetros de espacio de escritorio que quedan delante de mi computadora portátil. Incliné mi cabeza, la apoyé sobre mi mano, que suavemente sostenía el lado derecho de mi cuello. Antes había apoyado mi cabeza sobre mi mano derecha, que sostenía mi sien y mi frente mientras miraba por la ventana.

Amy Cuddy, una psicóloga social y profesora de la Escuela de Negocios de Harvard, se refiere a estas posiciones como "poses de bajo poder". Y, cuando me di cuenta de mis posturas físicas de bajo poder, me pareció que sería un buen momento para practicar intencionadamente algunas "poses de alto poder".

Me recosté en mi silla, con las manos entrelazadas detrás de la cabeza y los codos extendidos, los tobillos cruzados y los pies apoyados sobre mi escritorio mientras miraba por la ventana los árboles y la laguna que configura la vista arbolada y pacífica que se observa desde mi oficina. No había apoyado los pies sobre mi escritorio antes. Válido o no, este lenguaje corporal me pareció un poco arrogante y masculino para mi estilo. Además, uso muchas faldas y vestidos. A veces la gente pasa por la ventana de mi oficina. De modo que no es tan práctico. Sin embargo, sentarse y apoyar los pies sobre un escritorio o una mesa y reclinarse hacia atrás con los codos estirados es una clásica postura de alto poder, especialmente en la televisión y las películas. Es un lenguaje corporal comunicativo que dice: "Soy poderoso".

Me quedé en esa posición durante dos minutos. Fue un simple ajuste postural, y noté un cambio sutil en mis pensamientos. Con los brazos abiertos, pensé en la visión general del trabajo que estoy realizando. Pensé en mi visión para el trabajo. Recordé los éxitos del pasado. El cambio en mis pensamientos no fue enorme, sino un cambio de perspectiva. No hubieras podido verlo a simple vista, pero lo sentí. Fue sutil, pero cuando puse mis pies en el suelo y mis manos de nuevo en el teclado, me sentí determinada a llegar a mi meta personal para el día antes que mi marido y mi hijo me recogieran para llevarme a casa. Y lo logré.

La profesora Cuddy sugiere que todos intentemos "poses de poder". En su libro *El poder de la presencia*, Cuddy investigó la respuesta a una pregunta intrigante:

> Sabemos que nuestra mente puede producir cambios en nuestro cuerpo, pero ¿puede también nuestro cuerpo producir cambios en nuestra mente?[4]

La respuesta, como descubrí cuando cambié mi postura, es sí. Tendemos a creer que nuestra mente determina cómo nos sentimos, emocional y físicamente. Eso es verdad. Tomar conciencia de nuestros pensamientos y decidir intencionadamente cuáles mantener y cuáles reemplazar es la clave del éxito y la resiliencia.

Sin embargo, la acción inversa no es algo que consideramos a menudo, y también es verdad. Lo que hacemos con nuestro cuerpo puede determinar los pensamientos que circulan en nuestra mente y las emociones que sentimos en nuestro corazón. En otras palabras, nuestro lenguaje corporal provoca reacciones específicas en el cerebro que

---

4. Amy Cuddy, *Presence* (Nueva York: Little, Brown and Company, 2015). Publicado en español con el título *El poder de la presencia*, por editorial Urano, octubre de 2016.

afectan nuestros pensamientos y nuestras emociones. No sucede solo cuando esbozamos una sonrisa de Duchenne, sino cuando posicionamos nuestro cuerpo de cierta manera e incluso nos movemos de cierta manera.

Comprender el poder del lenguaje corporal es mucho más que cuidar tu imagen y lo que otras personas opinan de ti. También se trata de controlar cómo te sientes y qué piensas de ti. Tú te conviertes en lo que piensas de ti. Proverbios 23:7 dice: "Porque cual es su pensamiento en su corazón, tal es él".

Por lo tanto, profundicemos un poco más en lo que comunicas sin decir una palabra. En primer lugar, vamos a ver cómo tu cuerpo afecta tu mente, la cual, a fin de cuentas, da forma a las acciones que tomas para lograr el éxito. En segundo lugar, hablaremos de cómo tu lenguaje corporal dice mucho a las personas que te rodean y lo que debes mejorar para cultivar relaciones significativas, transmitir confianza y credibilidad, y traer más amor y autenticidad a tu vida.

> *Si tomar la decisión de cambiar el estado físico de nuestro rostro puede producir sustancias químicas en el cerebro capaces de hacernos sentir bien emocionalmente, ¿qué más podemos cambiar de nuestro estado físico que mejore nuestro estado mental y emocional?*

Cómo posicionar tu cuerpo para desarrollar más confianza

Todas queremos sentirnos poderosas. Cuanto más poderosa te sientes, más segura de ti misma estás. Eres vehemente y decidida. Eres entusiasta y auténtica. Dices la verdad y actúas con valentía. Por lo tanto, cuando hablo de ser poderosa, me refiero a los momentos cuando te presentas en la vida exactamente como Dios te diseñó: como una representante de la verdad, la luz y el amor. En este estado, no necesitas esconderte ni excusarte. Aprovechas "el momento". Ves posibilidades y tienes la fe de creer que pueden llegar a buen término, y actúas en esa fe. Sigues adelante en medio de las dificultades. Te permites sentir lo que sientes, pero no dejas que las emociones te controlen.

Poses de alto poder

- Reclinada en un asiento con los pies sobre una mesa, las manos detrás de la cabeza y los codos extendidos.

- De pie con los pies separados a la altura de los hombros, las manos en las caderas y los codos hacia afuera.

- De pie con los pies separados a la altura de los hombros y las dos manos extendidas en un ángulo de cuarenta y cinco grados sobre la cabeza.

Poses de bajo poder

- De pie con los pies juntos y los brazos cruzados o las manos abrazando tu cuerpo.

- Sentada con los hombros encogidos y los brazos cerca del cuerpo.

- Sentada con la cabeza baja y sosteniendo tus brazos.

Desde un punto de vista fisiológico, estas "posturas" proyectan la imagen de alguien más pequeño o más grande. Ocupar más espacio con los brazos, las piernas o los pies simboliza una posición de más poder. También transmite al cerebro un sentimiento más poderoso, lo cual conduce a la probabilidad de tener actitudes y acciones más poderosas. La cabeza baja, los hombros encogidos, los pies juntos y las extremidades más cerca del cuerpo simbolizan una actitud introvertida y pusilánime de autoprotección y pequeñez. Tal lenguaje corporal transmite al cerebro un sentimiento menos poderoso, que favorece las actitudes y las acciones de impotencia.

Eres más poderosa cuando no estás preocupada por cumplir con las expectativas de los demás, sino con el propósito y la misión para los cuales fuiste creada. Una mujer de fe podría decirlo de esta manera: eres más poderosa cuando dejas de preocuparte por impresionar a los demás y te concentras en impresionar a Dios. En ese lugar tan poderoso encuentras tu ser más auténtico. Te conectas con la esencia del éxito, una armonía de propósito, resiliencia y gozo. Experimentas amor, perseverancia, fe, significado y relaciones positivas, y, créelo o no, tu lenguaje corporal puede estar relacionado con todas estas cosas.

Esto sucede cuando te sientes poderosa. En un estudio, Cuddy y sus colegas midieron los niveles de testosterona y cortisol de los participantes del estudio mediante una prueba de saliva. Luego hicieron que un grupo de participantes adoptaran poses de alto poder durante dos minutos mientras que el otro grupo mantenía poses de bajo poder durante dos minutos. Después de esos dos minutos, les dieron la opción de participar en un juego de alto riesgo.

Después del juego, tomaron muestras de saliva por segunda vez para comparar los niveles de testosterona y cortisol con las muestras tomadas antes del juego. La testosterona está vinculada con ser más optimista, confiada y dispuesta a asumir riesgos, todos los cuales son rasgos de personas poderosas. Las mujeres más exitosas tienen estos tres rasgos. El cortisol, por el contrario, se libera en reacción al estrés. Los bajos niveles de cortisol frente a un reto indican una respuesta más tranquila o más relajada al estrés. Esto también es un rasgo de las personas poderosas. No es que eviten situaciones o desafíos estresantes, sino que son capaces de mantener una sensación de control y calma cuando se encuentran bajo presión.

Esto sucedió en el estudio. Aquellos que mantuvieron poses de alto poder durante dos minutos vieron un aumento del 20% en los niveles de testosterona y una disminución de 25% en los niveles de cortisol. Aquellos que mantuvieron poses de bajo poder vieron una disminución del 10% en los niveles de testosterona y un aumento del 15% en los niveles de cortisol. Además, el 86% del grupo de alto nivel de poder decidió participar en el juego de alto riesgo, mientras que solo el 60% del grupo de bajo nivel de poder quiso participar en ello. Dos minutos pueden cambiar el cerebro y crear sentimientos que favorecen un comportamiento totalmente distinto.

Ten en cuenta que estas "poses" tienen incidencia específica en cómo te sientes tú, no en cómo se sienten los demás. Para tu próxima reunión de trabajo, te sugiero que no apoyes los pies sobre la mesa y te inclines hacia atrás con los brazos detrás de tu cabeza para que todos puedan "sentir" tu confianza. Sin embargo, si estás a punto de ir a una reunión y te sientes ansiosa o dudas de poder comunicarte con eficiencia, toma solo un par de minutos para adoptar una pose de poder. Si estás a punto de tener una entrevista o una conversación importante y estás sentada a la espera de la otra persona, no te sientes encorvada sobre tu teléfono móvil y te pongas a leer los últimos mensajes en las redes sociales. En cambio, lleva los hombros hacia atrás, levanta la cabeza y ocupa espacio.

Aquellos que mantuvieron poses de alto poder durante dos minutos vieron un aumento del 20% en los niveles de testosterona y una disminución de 25% en los niveles de cortisol.

Poses de alto y de bajo poder

Aquí hay un resumen más completo de algunas poses de alto poder para intentar y posturas de bajo poder a evitar cuando deseas cambiar tu mente para sentirte más poderosa y menos impotente. Les he puesto nombre para ayudarte a recordarlas más fácilmente:

La superheroína

¡Hay una buena razón para que la Mujer Maravilla se pare de esa manera! Las piernas separadas a la altura de los hombros, ambas manos apoyadas firmemente sobre las caderas, los hombros y las caderas en posición combativa hacia el frente. Resulta ser que adoptar esa postura con tu cuerpo aumenta los sentimientos de confianza, optimismo y voluntad de asumir riesgos.

La pose del oso

Me gusta referirme a esta postura como la "pose del oso", porque puedo imaginar a un oso sobre sus patas traseras con sus patas delanteras hacia arriba. Párate con los pies separados a la altura de los hombros y extiende las manos por encima de los hombros en formar de "V".

El ejecutivo

El "ejecutivo" es la pose que mantuve en mi escritorio. Inclínate hacia atrás, entrelaza tus manos detrás de la cabeza y apoya los pies sobre una mesa o escritorio con los tobillos cruzados.

El festín de autocompasión

Siéntate con los hombros caídos, los codos sobre la mesa o el regazo y la mano en la frente, o peor aún, la frente entre ambas manos. El festín de autocompasión es el lenguaje corporal de la derrota.

La madre friolenta

Esta pose de bajo poder me recuerda qué hace mi mamá —tal vez todas las mamás— cuando tiene frío: se envuelve con sus brazos, coloca sus extremidades lo más cerca posible del cuerpo y baja la cabeza. Puedes ver cómo se frota los brazos con sus manos para calentarse.

El encorvado

Solo mira a tu alrededor. Verás gente encogida y encorvada por todas partes. Parece más común que nunca, porque muchos están atados a sus teléfonos inteligentes, tabletas y computadoras portátiles. He denominado este lenguaje corporal "el encorvado". Cuando lo haces, tu lenguaje corporal se reduce a ser más pequeño. En algunos casos, incluso podrías querer sentirte invisible.

Tienes los hombros encogidos, los brazos y las manos cruzados por delante o muy cerca de tu cuerpo y la cabeza baja. Puedes hacer esta pose corporal sentada o de pie. Me gusta referirme a esta como la posición de "mensajes de texto". Ni siquiera cuando estás de pie, te paras derecha. La mujer que se encoge de hombros parece más pequeña de lo que realmente es y se siente más pequeña también.

Curiosamente, estas poses no solo desencadenan hormonas específicas en el cerebro y te hacen sentir más o menos confiada, sino que también transmiten un mensaje a cualquiera que te vea. Hay, por supuesto, muchas otras maneras de posicionar tu cuerpo, pero ten en cuenta que las posturas del cuerpo que te hacen sentir más poderosa y auténtica son las poses abiertas, erguidas y sociables.

Lo que comunicas sin decir una palabra

Cuando Bárbara se sentó frente a Pamela y le abrió su corazón en busca de algunas respuestas, Pamela gesticuló como solía hacer cuando estaba a punto de decir algo profundo. Bárbara se había dado cuenta de ello en recientes sesiones de consejería. Pamela, una terapeuta licenciada con antecedentes de saber ayudar a los pacientes a lograr avances y reunir valor para hacer grandes cambios en sus vidas, hacía un gesto distintivo: unía sus manos y extendía sus dedos índices y pulgares haciendo contacto solo con las puntas de estos. Con sus dedos pulgares se sujetaba la barbilla y apoyaba sus dedos índices de manera vertical justo sobre sus labios y su nariz. Entrecerraba sus ojos y su respiración se hacía audible, casi como si estuviera asimilando más profundamente las palabras de Bárbara para poder procesar mejor todo lo que estaba diciendo.

Bárbara no entendía por qué, pero, cuando Pamela hacía eso, Bárbara sentía una fuerte corriente de apoyo. Sabía que Pamela estaba plenamente presente, inmersa en sus temas personales y que estaba pensando en la mejor manera de colaborar con los objetivos y el bienestar de Bárbara. "No puedo explicarlo —me dijo Bárbara—. Sin embargo, en esos momentos siento como si estuviera por lograr un gran avance en mi vida. Y siempre fue así".

Los sentimientos e instintos de Bárbara sobre Pamela tenían razón. De hecho, el lenguaje corporal que Pamela empleaba durante esas sesiones de consejería es una variación de algo llamado "campana". Colocar las manos con los dedos en forma de triángulo a menudo comunica autoridad. Ya sea las manos en posición de campana como describe Bárbara, otra en que las cinco puntas de los dedos de una mano tocan las cinco yemas de los dedos en la otra mano o aquella que parece que está sosteniendo una pelota de baloncesto, todas tienen el efecto de transmitir atención, autoridad y compasión. El lenguaje corporal de Pamela desencadenó una respuesta en Bárbara que la llevó a sentir que estaba en un "espacio seguro" y en manos competentes. Por consiguiente, se abrió más, con la esperanza de obtener la ayuda y las respuestas que necesitaba. Eso condujo a Pamela a tener éxito en su papel como consejera de Bárbara.

*Cambios al parecer pequeños en el lenguaje
corporal pueden producir grandes cambios
en la fluidez de la comunicación.*

Ya hemos visto que tu lenguaje corporal repercute en cómo te sientes y que da forma a tus pensamientos, que a su vez dan lugar a las acciones. Ahora veamos cómo tu lenguaje corporal define qué opinan las personas de ti.

Primero, aunque hay muchas generalidades que pueden ser ciertas, no hay una única explicación del lenguaje corporal. Por ejemplo, se sugiere enfáticamente que cruzarse de brazos significa estar cerrada a otras personas. A veces puede ser cierto, otras veces es lo contrario. También podría significar que estás cansada. O que estás interesada en la conversación y te estás poniendo cómoda. O puede significar que estás cerrada, cansada, interesada en la conversación y te estás poniendo cómoda, ¡todo al mismo tiempo! ¿Qué quiero decir? No seas demasiado rápida en determinar definitivamente el significado del lenguaje corporal de otra persona. Las personas que te conocen son más capaces de leer tu lenguaje corporal que las que no te conocen.

El lenguaje corporal comunica la intención emocional. En otras palabras, lo que sientes. La investigación demuestra que tu cuerpo comunica lo que estás sintiendo incluso antes que tu mente consciente lo procese. El tiempo de demora es extremadamente rápido, menos de un segundo, pero es real. Si estás feliz o enojada, cansada o hambrienta, tu cuerpo indicará esos sentimientos primero. Tu rostro también reflejará esos sentimientos.

La mayoría de los adultos son muy buenos para manipular sus expresiones faciales y disimular cualquier sentimiento que sería contraproducente con sus objetivos presentes. Sin embargo, es menos probable que tengamos conciencia de lo que nuestro cuerpo está comunicando.

Algunas pautas generales pueden ayudarte a hablar el lenguaje corporal correcto para maximizar tus posibilidades de comunicarte de una manera poderosa con los demás, influir en decisiones e ideas, y aumentar tu confianza para dar el siguiente paso, especialmente cuando se requiere valor frente a la duda, la inseguridad y el miedo.

*Las posturas del cuerpo que te hacen sentir más poderosa
y auténtica son las poses abiertas, erguidas y sociables.*

Ocupa espacio

Si deseas que tu lenguaje corporal transmita confianza, debes saber que tal poder no se comunica verbalmente, sino mediante el uso de la altura y el espacio. Los que tradicionalmente están en el poder tienden a sentir que pertenecen a los espacios y las posiciones de poder donde se encuentran. Los que son novatos en el poder, o no tienen acceso al poder, a menudo sienten que no pertenecen a esa posición de autoridad, incluso cuando saben lógicamente que sí pertenecen. En consecuencia, aquellos que se sienten impotentes usan el lenguaje corporal que ocupa menos espacio. Su lenguaje corporal suele consistir en poses de bajo poder, casi automáticamente. De modo que si consideramos que las mujeres han sido menos propensas a ocupar tales posiciones de poder, podemos revertir tal propensión.

La primera regla de oro para aumentar tu confianza, influencia y valor es simplemente ocupar más espacio. ¿Qué quiero decir? Ponte de pie. Levanta la frente. Si mides 1,60 m como yo, ponte como si midieras 1,90 m. Si eres una mujer de 1,90 m, ¡no lo ocultes! No trates de acortar tu altura. Acéptala.

No tengas miedo de expandir tu postura

En línea con ocupar espacio, no tengas miedo de expandir tu postura. Tus pies no tienen que estar prolijamente juntos cuando estás de pie en medio de una conversación casual. Estar de pie con los pies demasiado juntos puede hacerte parecer dubitativa e insegura de ti misma. Párate con los pies separados a una distancia cómoda. Relaja la parte inferior del cuerpo, incluso las rodillas. No estoy hablando de medio metro de distancia aquí, sino que unos cuantos centímetros es natural y proyecta la sensación de estar firme y segura.

Sonríe

¿Recuerdas que dije que la "sonrisa de Duchenne" libera serotonina y endorfinas a tu cerebro y te hace sentir una emoción positiva? Bueno, sonreír también tiene un efecto en las personas receptoras de tu radiante sonrisa. Los investigadores de la Universidad de Duke descubrieron que somos más propensos a recordar a las personas que nos sonríen. Las sonrisas activan los centros de recompensa del cerebro, lo cual nos ayuda a recordar el nombre de aquellos que nos sonríen. El cerebro interpreta una sonrisa genuina como que eres una persona afectiva y digna de confianza.

Haz un contacto visual positivo

Hazte el propósito de observar la forma y el color de los ojos de una persona cuando te encuentras con ella. Esa es una manera fácil de estar presente en el momento. ¿Tiene ojos profundos? ¿Ojos muy abiertos? ¿Pestañas largas? ¿Cejas arqueadas? Observa una característica distintiva que podría describir algo de sus ojos. Esto debería tomarte solo unos segundos, que es tiempo suficiente para hacer un contacto visual positivo.

Quédate quieta

Cuando te sientes incómoda o ansiosa, una respuesta natural puede ser moverte nerviosamente: enrularte el cabello, morderte las uñas, jugar con tu collar, chuparte el labio. Todos estos son solo mecanismos de autorrelajación. Estar inquieta no solo proyecta inseguridad, sino que hace sentir incómodas a las personas que están contigo. Atenta contra el mensaje que estás tratando de comunicar, ya sea a una persona o delante de un grupo de personas. Detecta ese tic nervioso en ti y deja de hacerlo. Respira hondo, quédate quieta y párate firmemente con ambos pies en el piso. Observa cualquier lenguaje corporal de bajo poder y cambia al lenguaje corporal de alto poder de inmediato, los hombros hacia atrás, los brazos abiertos, la cabeza erguida. Ahora, relájate.

Haz gestos de adhesión

A las personas les gusta que le manifiesten aprobación. Una de las maneras de hacerlo a través del lenguaje corporal es encontrar puntos de acuerdo y hacer gestos de adhesión. El gesto más común que manifiesta adhesión es un simple asentimiento. Una palmadita en la espalda o un apretón en el brazo cuando alguien comunica buenas noticias es otro gesto de adhesión.

Por supuesto, asegúrese de no usar gestos que incluyan contacto físico a menos que sea apropiado para tal relación. Sé sabia y usa tu discernimiento. En las relaciones profesionales con el sexo opuesto podría malinterpretarse. Si no conoces bien a la persona, respeta su espacio. Sin embargo, en las relaciones en las que hay una confianza y un afecto establecidos, un toque respetuoso comunica afecto.

No inclines la cabeza

El instinto nos dice que inclinar la cabeza y exponer el cuello indica vulnerabilidad y rendición. De hecho, las personas que levantan el hombro para hacer crujir el cuello demuestran que están tratando de protegerse de un supuesto peligro en su entorno. Por lo general, inclinar la cabeza, especialmente mientras se comunica información valiosa o importante, envía señales mixtas. Indica que no te sientes confiada ni estás segura de lo que estás diciendo. Ten esto en cuenta en las conversaciones cuando es importante transmitir credibilidad sobre lo que estás comunicando. En conversaciones casuales, inclinar la cabeza no constituye un problema.

Estrecha correctamente las manos

Probablemente, ya lo has escuchado antes, pero siempre vale la pena recordarlo. Un apretón de manos fuerte, pero no demasiado (¡no tiene que ser una tenaza mortal!) dice mucho. Practícalo. Utilízalo. Siempre que estreches la mano de alguien, haz un contacto visual positivo el tiempo suficiente para recordar el color o la forma de los ojos de tal persona. Para transmitir cordialidad o gratitud coloca tu mano izquierda sobre el estrechón de manos cuando digas "hola" o "gracias".

Haz memoria

Si hay una cosa que puede fortalecer rápidamente tu confianza y tu lenguaje corporal, es recordar tu propio testimonio. Piensa en un momento cuando estabas ansiosa o con temor de que te fuera mal en una conversación, en una presentación o en alguna otra oportunidad, pero no fue así. En cambio, te fue muy bien. Tuviste éxito. De hecho, te olvidaste de que alguna vez estuviste nerviosa por eso.

Recuerda ese momento para fortalecer tu fe y creer en la posibilidad de tener éxito en esta próxima prueba. Recuerda que tus testimonios de fe pasados calmarán tu ansiedad y te darán el valor de dar un paso adelante con confianza.

La apariencia es un lenguaje aparte

Cuando tenía 22 años, conseguí mi primer trabajo a tiempo completo. Mi título era "secretaria de *marketing*"; pero mi visión a largo plazo era una oportunidad de dirigir y, eventualmente, iniciar mi propia empresa de relaciones públicas. Era mi primer trabajo y me encantaba la idea de ser parte del mundo profesional. Busqué un vestuario de trabajo profesional que reflejara a las personas cuyas posiciones eran similares a las que yo aspiraba. Eso significaba básicamente usar vestidos y trajes elegantes, pero apropiados.

En un par de ocasiones, mis compañeros de trabajo me preguntaron por qué me "vestía tan formal". Dado que no todo el mundo se ha ganado el derecho de estar al tanto de mi visión, siempre respondí que me gustaba usar vestidos y faldas.

Mi oportunidad llegó más rápido de lo que esperaba. A los tres meses, mi jefa se fue, y la compañía comenzó la búsqueda de una directora de *marketing* para reemplazarla. Trabajé duro para transmitir mis ideas y que todo siguiera funcionando sin inconvenientes. Y, a las pocas semanas que mi jefa se fuera, me ofrecieron una promoción de prueba de seis meses como la nueva directora de *marketing*.

En teoría, no estaba calificada para esa posición, pero trabajé esforzadamente y tuve una buena formación académica. Una de mis funciones en el cargo era representar a la empresa desde una perspectiva de *marketing*. Si no me hubiera vestido para la posición que aspiraba, no estoy segura de que los encargados de tomar la decisión —algunos de los cuales eran 30 y 40 años mayores que yo— hubieran podido imaginarme en el puesto. El cuidado de mi apariencia fue una de las varias características que consideraron para decidir si correr el riesgo de escoger a una mujer tan joven para esa posición. Por supuesto, mi buena apariencia no fue la razón que los llevó a darme la oportunidad. Sin embargo, una mala apariencia habría sido una razón definitiva para que no lo hicieran.

La apariencia es un lenguaje aparte. Y, como cualquier otro idioma, debes aprender a hablarlo bien para poder comunicarte con éxito.

A todos nos gusta decir: "No juzgues un libro por su portada", pero es una declaración inútil, porque todos lo hacemos. De hecho, estamos biológicamente diseñados para hacerlo. Es un instinto de supervivencia. Nuestro cerebro siempre está buscando señales. ¿Son estas personas dignas de confianza? ¿Son creíbles? ¿Qué buscan de mí? ¿Debo dedicarles la cantidad de tiempo limitado que tengo en mi agenda? ¿Debo invertir mis recursos aquí? Para responder a esas preguntas, debemos comenzar por alguna parte y, el lugar más fácil por donde comenzar, es con lo que vemos. Por mucho que nos gustaría creer que la apariencia no importa, sí importa. Cuidar la apariencia produce resultados que influyen en las decisiones de las personas con respecto a ti. No estoy haciendo un juicio de valor sobre la corrección política de esto. Quizás la vida sería más justa si esto no fuera cierto. La apariencia puede aportar o quitar credibilidad. Recuerda: por eso es importante considerar que las mujeres exitosas "hablan diferente". No hablamos solo a través de nuestras palabras, sino también a través de todo lo que proyectamos en el mundo, y eso incluye la apariencia.

Un estudio realizado en 2005, por investigadores del Centro de Neurociencias Cognitivas de la Universidad de Pensilvania, descubrió que aquellos que son físicamente más atractivos recogen una gran cantidad de recompensas inmerecidas gracias a su apariencia, desde salarios más altos a alternativas más románticas. El hecho curioso es que el juicio sobre el atractivo ocurre muy rápido, en menos de un segundo; sin embargo, incide en decisiones importantes con respecto a cómo el perceptor se deja influenciar por lo que ve. La apariencia no es fácil de ignorar para los seres humanos. Por lo tanto, no se puede negar su importancia en las evaluaciones sociales.

Todos los estudios confirman que la apariencia es importante; no solo para las mujeres, sino también para los hombres. De hecho, los que se consideran más atractivos se benefician de un "efecto halo". El efecto halo sucede cuando tienes una característica positiva que es tan potente que eclipsa otros atributos y afecta cómo otros te ven. En los estudios, la gente califica a las personas atractivas como más amables, más inteligentes y más confiables, que aquellas que consideran poco atractivas. No obstante, hay una predisposición, por superficial que sea, que permite a las personas atractivas obtener ayuda más fácilmente y persuadir la opinión de los demás. Entonces, ¿qué significa esto para ti?

Significa que tu apariencia repercutirá en tu influencia. Esto no quiere decir que haya una forma particular de ser o parecer atractiva. El atractivo es subjetivo, pero aprovechar al máximo tu belleza interior y exterior es definitivamente una manera de hablar diferente. Ten en cuenta que lo que es atractivo para una persona puede no serlo en absoluto para otra. Considera la persona (s) que más deseas influir al decidir cuáles son tus mejores opciones. La maestra que se viste un tanto peculiar puede verse diferente a los ojos de los administradores que de sus estudiantes, pero si su objetivo principal es influenciar a sus estudiantes e identificarse con ellos, sus opciones podrían ser perfectas para su objetivo. Cuando intentes influenciar a otros, considera si tu aspecto construye un puente hacia tu objetivo o te desvía de este.

Una buena amiga de la industria de la moda tiene una asistente que llamaré Silvia. Silvia es supercapaz y, según mi amiga, es una de las personas más trabajadoras que ha visto. Además, es humilde y extremadamente servicial. "Cuando llego para una sesión de fotos, Silvia siempre va dos pasos por delante —explica—. Puedo relajarme totalmente y concentrarme en el trabajo en cuestión".

No obstante, hay una cosa que le gustaría que Silvia cambiara. "Estamos constantemente en ámbitos donde Silvia podría hacer contactos que le abrirían puertas mucho más grandes, pero puedo ver que nadie la toma en serio. Ella no le pone cuidado a su vestimenta, su cabello o su maquillaje. Esta es la industria de la moda. Si importa en cualquier profesión, ¡cuanto más en la mía! Le he dicho esto varias veces, pero ella no escucha el consejo y comienza a hablar de lo duro que trabaja y de todo lo que sabe. El problema es que nadie va a estar interesado en lo que ella *sabe* si su apariencia no comunica el mensaje de que *le importa*, que está dispuesta a ir más allá".

La apariencia es un lenguaje aparte.

Es fácil desechar el tema de la apariencia como algo superficial. Sin embargo, mi amiga plantea un concepto profundo. Cuando te tomas el tiempo de lucir lo mejor posible, transmites algo muy específico de ti misma: que eres detallista y que estás dispuesta a "ir más allá". El mensaje que envías es que te cuidas. Ya sea que te veas "acicalada" o completamente "desaliñada", tu aspecto dice mucho acerca de quién eres incluso antes que tengas la oportunidad de abrir la boca. Esto se aplica tanto a tu vida personal como a tu vida profesional. No se trata tanto del estilo que elijas, sino que decidas lucir de una manera que refleje tu singularidad, tus preferencias personales y tus valores.

Recuerdo el poder de la apariencia personal cuando pienso en mi suegra. Ella murió solo seis días después que mi marido y yo nos comprometimos. Además de bendecirme inmensamente de pura alegría por el amor que su hijo y yo compartíamos, siempre me sorprendió el cuidado meticuloso que le daba a su apariencia. Hubiera sido notable en cualquier mujer saludable. Sin embargo, la señorita Dolores, como yo la llamaba, estaba muy enferma. Nunca la vi caminar, porque usaba una silla de ruedas. A menudo se cansaba y tenía que retirarse a su habitación para descansar, pero, cuando salía, siempre estaba vestida elegantemente. Tenía las uñas arregladas y llevaba lápiz labial, aretes y una sonrisa cálida y afectiva cada vez que la visitaba. Sus ojos brillaban de entusiasmo cuando conversábamos. El poder de su presencia se realzaba por el cuidado de su apariencia.

Hubiera querido conocerla más tiempo, pero me dejó una muy buena impresión su insistencia en presentarse con tal dignidad y gracia hasta el final. Esto es algo que siempre recordaré a sus nietos. Su apariencia contaba una historia. Ella era una artista talentosa, y sus obras cuelgan de las paredes de nuestra casa. Le encantaba la moda. No hubo un día en que no me elogiara algo que llevaba puesto. ¡Incluso cuando iba al hospital a visitarla, se fijaba en mi cabello, mis joyas, mi atuendo! Apreciaba la belleza y la excelencia en todas las cosas visuales. Y su aspecto personal contó esa historia sobre su personalidad.

¿Qué historia cuenta tu apariencia sobre ti? Puesto que estamos viendo que las mujeres exitosas hablan diferente, es razonable preguntar: "¿Qué 'dice' exactamente tu apariencia de ti?".

Esto no se trata de ser bonita o no, hermosa o no. Se trata de ser "atractiva". El atractivo es la apariencia general, que es agradable a los ojos. Y las cosas que te hacen más atractiva están dentro de tu control. El objetivo es sacar el máximo provecho de la figura que Dios te dio mediante el cuidado de tu apariencia.

Algunas investigaciones sobre el atractivo son inquietantes, pero muestran el impacto de la comunicación visual sobre tu capacidad de influenciar a los demás y alcanzar tus metas. Particularmente, cuando los objetivos son financieros, parece que el aspecto físico tiene un impacto ilógico, pero innegable. Por ejemplo, las personas altas reciben una remuneración más alta: casi 800 dólares por año por cada pulgada (2,54 cm) de altura, según los investigadores de la Universidad de Florida. Así que alguien seis pulgadas (unos 15 cm) más alto, con habilidades similares, recibe un promedio de 5.000 dólares más por año en ingresos anuales. (Yo no recomiendo usar tacones para tratar de compensar la altura. Lo intenté a los veinte años, y todavía estoy pagando las consecuencias).

Lamentablemente, las ventajas no se limitan a la altura. Aquellos que tienen un índice de masa corporal (IMC) por encima de 30 también ganan menos: casi 9.000 dólares por año menos para las mujeres y casi 5.000 dólares por año menos para los hombres, según un estudio de la Universidad George Washington.[5] Un IMC de más de 30 se clasifica como obeso. El ejercicio también parece afectar los ingresos: los que hacen ejercicio con regularidad ganan aproximadamente un 9% más que los que no se ejercitan. Y, quieras o no, las mujeres que usan maquillaje se ven más seguras y ganan hasta un 30% más que sus pares que no se maquillan.[6] Sin embargo, el maquillaje debe ser moderado. Demasiado maquillaje tiene el efecto contrario.[7] La apariencia afecta tus ingre-

---

5. Avi Dor *et ál.*, "A Heavy Burden: The Individual Costs of Being Overweight and Obese in the United States", The George Washington University School of Public Health and Health Services Department of Health Policy, 21 de septiembre de 2010, https://hsrc.himmelfarb.gwu.edu/cgi/viewcontent.cgi?article=1211&context=sphhs_policy_facpubs.

6. LisaMarie Luccioni, "2010 Resolution: Dress Like a Power Player (Part III)", *Psychology Today*, 15 de febrero de 2010, https://www.psychologytoday.com/blogthe-image-professor/201002/2010-resolution-dress-power-player-part-iii.

7. Nancy L. Etcoff, Shannon Stock, Lauren E. Haley, Sarah A. Vickery y David M. House: "Cosmetics as a Feature of the Extended Human Phenotype: Modulation of the Perception of Biologically Important Facial Signals", *PLoS ONE 6*, n.º 10 (octubre de 2011): doi: 10.1371/journal.pone.0025656.

sos si estás empleada. En situaciones sociales, influye en la atención de quienes atraes y de quienes no.

Tu apariencia es una forma de comunicación. Por lo tanto, pregúntate: "¿Qué comunica mi apariencia a los que me rodean en el trabajo, en el ámbito social, en la iglesia y en mi comunidad? ¿Es ese el mensaje que quiero comunicar o es hora de hacer algunos ajustes y cambios?".

Mírate en el espejo y sé sincera contigo misma. ¿Necesitas prestar más atención a tu arreglo personal?

Los cambios que puedes hacer, que tienen el mayor impacto, incluyen:

- **Tu semblante**: La actitud se refleja en el rostro, en la forma de caminar y en si sonríes o no. El cerebro humano puede notar una sonrisa hasta casi 100 m de distancia. Es como si el cerebro escaneara el ambiente en busca de una sonrisa.

- **Tu postura**: Hemos hablado mucho sobre las poses de alto poder y bajo poder, pero, por más básico que sea, mejorar tu postura te hace inmediatamente más atractiva. Si tienes una mala postura, proponte mejorarla todos los días. Programa un recordatorio en tu teléfono celular o coloca estratégicamente notas en distintos lugares para recordarte que debes mantener la cabeza erguida y ponerte derecha.

- **Tu vestimenta**: Como regla general, recuerda esto: no te vistas para tu situación actual en la vida. Vístete para la situación que aspiras alcanzar. Hace unos años, tomé un vuelo de Atlanta a Nueva York en el mes de octubre. Hacía unos 26 grados Celsius en Atlanta y había estado en ese rango de temperatura desde la primavera. Olvidé que tal vez no se sentiría como en verano en el norte. Llegué con manga corta y sin abrigo. Cuando estaba caminando fuera del aeropuerto, una ráfaga de aire frío me hizo tomar conciencia de la realidad. "¡Oh, Dios mío! —le dije al conductor mientras los 4 grados castigaban mis brazos desnudos—. ¡Ni siquiera traje un abrigo!". Me miró con tanta incredulidad, que creo que jamás olvidaré su expresión. "Es octubre —dijo como si no supiera en qué mes estábamos—. Esto es Nueva York". Hazte esta pregunta: si ya estuvieras en la situación de la vida que aspiras, ¿qué aspecto tendrías? ¿Qué usarías? Vístete para tu visión y habla vida a tu visión.

- **Tu arreglo personal**: Estar limpia, prolija y acicalada es el fundamento de una apariencia positiva. Cuando falta alguno de estos elementos, puedes dejar tal mancha en la impresión que causes que nunca podrás enmendarla. Presta especial atención a detalles como el cabello y la piel. Arréglate el cabello: hazte un corte, mantenlo saludable. Asegúrate de que tus uñas estén limpias. No se trata de usar esmalte de uñas, uñas postizas o uñas esculpidas o cosas por el estilo, sino de que luzcan bien cuidadas. Cuida tu piel y mantenla hidratada. No hay nada más desagradable que estrechar la mano de alguien con las manos secas o agrietadas, o mirar a los zapatos de punta abierta de una mujer y ver sus pies desaliñados. ¿Qué comunica eso sobre tal persona? Cuídate los dientes. Hazte una limpieza dos veces al año, haz lo que tu dentista te diga y mantén un aliento fresco. Muchas personas muy calificadas pierden grandes oportunidades debido a problemas tan corregibles como el mal aliento o el cabello sin vida. Sin embargo, nunca se dieron cuenta de ello, porque nadie quiso decírselo para que no se molestaran. Mírate en el espejo y sé sincera contigo misma. ¿Necesitas prestar más atención a tu arreglo personal?

El mito del atractivo

Hay un pasaje de las Escrituras que me encanta, donde Samuel está hablando con Saúl y pone las cosas en perspectiva. Él dice: "el hombre mira lo que está delante de sus ojos, pero Jehová mira el corazón" (1 S. 16:7). Más que cualquier otra cosa que pueda afectar tu apariencia exterior, se destacan tu actitud, tu compasión y tu espíritu de servicio. De hecho, tu belleza interior cambiará literalmente la percepción de la gente sobre tu belleza exterior. El brillo en tus ojos que viene de amar lo que haces todos los días; la sonrisa en tu rostro que brota de tu gratitud, tu fe y tu amor; y la fuerza en la postura que se transforma por la confianza, todo esto refleja el espíritu que se ve en ti. El mito del atractivo de las mujeres es que se trata de "belleza", pero eso no es cierto. El atractivo es el encanto. Es lo mucho que atraes a otros a querer estar contigo y dejarse influenciar por ti.

Pautas para el éxito

- Cuando te estés preparando para una conversación o una reunión importante, prueba las "poses de poder" para estimular las hormonas que aumentan la confianza y el optimismo, y reducir tu nivel de estrés.

- Evita las poses de bajo poder en tu postura diaria. Detecta cuándo haces esto e inmediatamente cambia tu posición para sentirte más poderosa.

- Cuida intencionadamente tu apariencia. Mírate y sé sincera contigo misma. Incluso pide el consejo de una amiga o asesora de confianza. Haz cambios que te permitan expresar la esencia de quién eres a través de tu apariencia.

Lo que toda mujer debe saber

- La postura de tu cuerpo puede cambiar literalmente la composición hormonal de tu química corporal al instante y hacer que te sientas más o menos segura.

- Tu sonrisa puede verse desde casi 100 m de distancia y cambiar cómo la gente te ve y qué opina de ti.

- La apariencia es un lenguaje en sí que desencadena respuestas automáticas en las personas. Puede favorecerte o desfavorecerte, depende del cuidado y la atención que le das a tu apariencia.

Preguntas de reflexión personal

- ¿Con qué parte de este capítulo te identificas más? Por consiguiente, ¿qué paso darás?

- ¿Qué actividad tienes en las próximas 24 a 48 horas para la que necesitas algo que estimule tu confianza? Antes de comenzar a interactuar con otros en esa actividad, practica una de las poses de poder —la pose del ejecutivo, la superheroína o la del oso— durante dos minutos completos. Después de la reunión o actividad, reflexiona sobre tu nivel de confianza, optimismo y disposición a tomar riesgos.

- ¿Qué aspecto de tu apariencia te hace sentir más confiada? ¿Por qué? ¿Qué aspecto de tu apariencia te hace sentir insegura o autocrítica? ¿Qué podrías hacer para mejorar, aceptar y resaltar tu apariencia?

Habla diferente

Tu lenguaje corporal y tu apariencia son formas de comunicación poderosas. Proponte hablar el lenguaje correcto para llevar adelante tu visión.

Aprende a cambiar tu discurso

Responder de manera inesperada puede dar resultados que bordean lo milagroso.

Para vencer a tus enemigos tienes que hacer lo contrario de lo que esperan que hagas.

SONYA PARKER

Lecciones clave

- A veces, tu arma más poderosa en las conversaciones intolerantes es la compasión.

- La conducta no complementaria, hacer lo contrario de lo que se espera puede producir grandes beneficios.

- Establecer límites claros en las relaciones te dará buen resultado donde otras personas no parecen hacer progresos.

E l intrigante programa de la radio pública norteamericana (NPR, por sus siglas en inglés), *Invisibilia*, dio a conocer una historia asombrosa que desafía toda lógica. Me dejó sin palabras y es una brillante ilustración del poderoso efecto de las reacciones contrarias a la lógica en situaciones críticas.

Una cálida noche de verano en Washington D.C., un grupo de ocho amigos celebraba la vida y los acontecimientos importantes más recientes con algunos aperitivos y una cena en el patio trasero. "Fue una noche mágica", según describió Miguel, que asistió con su esposa y su hija adolescente. Mientras estaba de pie junto a su esposa disfrutando de la noche, de repente vio el cañón largo de una pistola entre ellos. Un hombre entró furtivamente a la fiesta, primero apuntó con el arma a un amigo y luego a la esposa de Miguel, directamente a su cabeza. Exigió dinero y amenazó agresivamente con empezar a disparar si no acataban sus órdenes.

Todos estaban en estado de *shock*. Peor aún, ninguno de ellos tenía dinero en efectivo. Comenzaron a pensar súbitamente qué decir para calmar la situación. A pesar de sus improperios y exigencias, Miguel dice que el ladrón parecía preocupado y nervioso. Tal vez podrían decir algo para evitar que esa pesadilla se convirtiera en una tragedia. Decidieron intentar con la culpa.

"Le preguntamos: '¿Qué pensaría tu madre de ti?'", recordó Miguel, con la esperanza de que el hombre armado se sintiera culpable y cambiara de opinión.

En cambio, su comportamiento pareció empeorar. La situación se puso más tensa, y el ladrón parecía más nervioso mientras gritaba: "¡No tengo una [insultos] madre!". Todo parecía estar avanzando hacia un fin que nadie quería.

Fue entonces cuando una amiga de la mesa, llamada Cristina, hizo una oferta. Fue una reacción contraria a la lógica y, probablemente, hecha de pura desesperación.

—Mira —dijo ella con calma—. Estamos aquí celebrando. ¿Por qué no te tomas una copa de vino y te sientas con nosotros?

Miguel lo describe como un "cambio de discurso". "Podías sentir la diferencia —recordó—. Definitivamente, era lo correcto". De repente, el rostro del hombre cambió. Le sirvieron una copa de vino. Lo probó y comentó lo bueno que era. Le ofrecieron algo de comer. Se sentó. Puso la pistola en su bolsillo. Y, poco después, murmuró entre dientes: "Creo que vine al lugar equivocado".

Le dieron palabras de comprensión, y, al reflexionar en la quietud y la extrañeza de la situación, hizo una petición.

"Dijo algo insólito", explicó Miguel. El hombre pidió un abrazo. Todos lo abrazaron. Luego dijo: "Lo siento", y salió con la copa de vino en la mano.

En el programa de radio, Miguel describió el giro de los acontecimientos como un "milagro".

Y ciertamente lo fue. También hay una descripción psicológica de lo que sucedió. Es la idea de que tendemos a reflejar el comportamiento de otros al interactuar con ellos. Cuando eres amable, los demás son más propensos a devolverte la amabilidad. Cuando eres descortés, los demás son propensos a devolverte la descortesía.

El increíble giro de los acontecimientos en la cena de aquella noche me recuerda a Ashley Smith. Ashley es una joven a la que entrevisté hace años después que ella hiciera titulares nacionales por haber aplacado una situación de rehén con el uso del exitoso libro de Rick Warren, *Una vida con propósito*, a fin de iniciar una charla con su secuestrador sobre su propósito en la vida. Su captor había sorprendido a la nación al escapar de la sala de un tribunal donde estaba siendo procesado por violación, momento en el cual asesinó a cuatro personas, incluido el juez, y luego huyó a la casa de Ashley, una joven de treinta años, donde la mantuvo como rehén. Su conversación con Ashley, en la cual ella le habló sobre el propósito y el sentido de la vida, derivó en un final seguro para ella. Y, finalmente, el secuestrador se entregó.[1]

> *Mantente firme en quien eres. Que tus palabras reflejen la esencia del amor en lugar de temor.*

Esperemos que no tengas que enfrentar una situación tan grave como la que vivieron ese grupo de amigos, pero podrías tener que lidiar con una relación personal difícil. El concepto de la complementariedad[2] explica cómo puedes transformar las situaciones cotidianas difíciles mediante el poder de tu esencia vocal: no solo lo que dices, sino cómo lo dices y la cordialidad con la que lo dices. Es una poderosa herramienta para usar cuando necesitas frenar abruptamente la espiral de la negatividad.

La clave para romper ese patrón es no devolver una acción negativa con otra negativa, lo cual normalmente empeora la situación en lugar de aplacarla. Para romper el patrón, devuelve una acción negativa con algo inesperado. Esto se llama conducta no complementaria. Una vez

---

1. "How Rick Warren's *Purpose Driven Life* Changed Former Hostage Ashley Smith", *Huffington Post*, 25 de febrero de 2013, http://www.huffingtonpost.com/2013/02/25/rick-warren -purposedriven-life-ashley-smith_n_2741976.html.

2. La complementariedad ha sido ampliamente estudiada por el profesor de la Universidad Estatal de Michigan, Chris Hopwood.

que el patrón se rompe, la otra parte —que sigue el patrón de conducta complementaria— entonces refleja tu proceder. Para ser clara, esto no es fácil de hacer, pero puede ser altamente eficaz.

Desde el punto de vista de la fe, este concepto está alineado con las palabras del mismo Jesús, cuando asombró a los fariseos con declaraciones tan radicales como esta:

> Oísteis que fue dicho: Amarás a tu prójimo, y aborrecerás a tu enemigo. Pero yo os digo: Amad a vuestros enemigos, bendecid a los que os maldicen, haced bien a los que os aborrecen, y orad por los que os ultrajan y os persiguen; para que seáis hijos de vuestro Padre que está en los cielos, que hace salir su sol sobre malos y buenos, y que hace llover sobre justos e injustos. Porque si amáis a los que os aman, ¿qué recompensa tendréis? ¿No hacen también lo mismo los publicanos? Y si saludáis a vuestros hermanos solamente, ¿qué hacéis de más? ¿No hacen también así los gentiles? (Mt. 5:43-47).

En otras palabras, no habla mucho de tu fe hacer lo que todos hacen; sino cuando puedes permanecer firme en lo que eres —cordial, amable, amorosa—, incluso cuando los demás no son así. De hecho, es un testimonio de tu fe poder ser ejemplo de esos valores cuando otros ejemplifican lo contrario.

Mantente firme en quien eres. Que tus palabras reflejen la esencia del amor en lugar de temor.

Uno de mis versículos bíblicos favoritos es 1 Juan 4:18, que dice: "el perfecto amor echa fuera el temor". Cuando las personas actúan mal, eso es temor. Cuando son descorteses, eso es temor. Cuando chismorrean, eso es temor. Y cuando respondemos del mismo modo, eso es temor: miedo de que quizás estén en lo cierto, quizás nos saquen ventaja, quizás no seamos tan eficaces como creemos. Sin embargo, el temor no puede echar fuera el temor. Solo el amor puede hacerlo.

Yvette Cook es directora ejecutiva de Usher's New Look, una organización sin fines de lucro fundada en 1999 por el ocho veces ganador del premio Grammy, Usher Raymond, que ha entrenado a más de

30.000 estudiantes de secundaria marginados en seis ciudades importantes desde ese momento. El 100% de los estudiantes que pasan por el plan de estudios de cuatro años, basado en la investigación desarrollada en conjunto con la Universidad Emory, se gradúa de la escuela secundaria, a pesar de que la tasa de graduación en las escuelas de estos estudiantes ronda el 68%. El 98% de los estudiantes se matricula en la universidad después de graduarse de la escuela secundaria. Yvette es una mujer apasionada del servicio. Su habilidad para comunicarse eficazmente en situaciones desafiantes ha sido un sello distintivo en su exitosa trayectoria profesional.

Yvette era una ejecutiva de ventas joven y prometedora cuando se le asignó el cliente más temido del canal de televisión donde trabajaba. El día antes que se le entregara esa cuenta, se encontró con una ejecutiva de cuentas, que anteriormente había trabajado con dicho cliente. La ejecutiva de cuentas estaba tratando de recuperarse, después de haber llegado hasta las lágrimas cuando la clienta la insultó por un asunto trivial. Ahora era el turno de Yvette.

"La clienta daba terror —explica Yvette—. Hacía quince años que estaba, literalmente, a cargo de millones de dólares en publicidad para una importante compañía de las 500 principales, según la revista *Fortune*. Y era una mujer intimidante". No mucho después que se hizo cargo de la cuenta, como era de esperar, la clienta llamó a Yvette molesta por algo. Se puso a gritar en el teléfono y a insultar, lo cual tomó a Yvette totalmente desprevenida, pero su reacción fue muy poco convencional.

"No puedo explicarlo, pero instintivamente colgué el teléfono", dice Yvette sobre el incidente. Leíste bien. En medio de los gritos y los insultos, sin decir una palabra, colocó nuevamente el teléfono sobre el aparato receptor. Yvette recuerda que la clienta llamó otra vez.

—¿Qué pasó? —preguntó la clienta.

—Colgué —respondió Yvette con sinceridad y en un tono neutro—. Cuando te calmes, ¿me puedes volver a llamar?

Entonces sucedió algo que nunca había ocurrido en todos los años en que el canal había estado tratando con esta clienta.

"Se calmó al instante —recuerda Yvette—. Y nunca me volvió a levantar la voz. Jamás me insultó. Siempre fue respetuosa".

Para ser clara, aquella clienta no se volvió repentinamente respetuosa con todos, pero con Yvette se empezó a comportar diferente. Yvette cambió el discurso. No reaccionó ante la conducta horrible y poco profesional de aquella clienta con conductas complementarias como enojo, llanto o desenfado. Puso un límite. Siempre se comunicaría con ella, pero nunca toleraría que le gritara y la insultara.

Sin embargo, la estrategia de Yvette fue mucho más allá. Fíjate qué más dijo sobre la clienta.

"Era una mujer propensa a cambios de humor inusuales y muy drásticos, y yo creía que era un problema de salud mental —observó—. Si tenía el cabello suelto, era agradable y divertida. Si tenía el cabello recogido, era otra persona".

En lugar de tomarlo a título personal, Yvette dio un paso atrás para mirar la situación desde una perspectiva más amplia. Se enfocó en la relación de negocio: venderle publicidad al cliente y mantener una relación viable.

Uno de los hábitos más contraproducentes de las mujeres que no son tan exitosas es tomarse a título personal el mal proceder de alguien. Recuerda esto: cuando otros se comportan de manera disfuncional, no se trata de ti, sino de ellos. No permitas que eso cambie quién eres cuando interactúas con ellos. Necesitarás un mayor nivel de serenidad y fortaleza, sin perder el equilibrio, para lidiar con esta clase de personas. Respira hondo. Después, *elige* tu respuesta en lugar de reaccionar impulsivamente. El cliente de Yvette había tratado a todos los ejecutivos de cuentas de manera irrespetuosa. Antes de Yvette, todos habían soportado sus gritos, sus insultos y sus exigencias irrazonables. Así que no era algo personal. Era universal. *Ella* era el problema.

Finalmente, su problema terminó con su carrera. "Un día —explicó Yvette—, le tiró un dispensador de cintas a un trabajador temporal y la despidieron". En realidad, es una historia triste. Yvette puede mirar atrás y ver esa situación con compasión al darse cuenta de que los problemas emocionales de esta mujer le habían costado el trabajo y un buen salario que había logrado con esfuerzo. Había llegado a ser "exitosa" según el criterio del mundo, pero no según la definición que usamos en este libro. El éxito es una armonía de propósito, resiliencia y gozo. Las mujeres exitosas son compasivas. Son sabias. Son amables. Hablan con valentía, pero no destruyen a otros en el proceso.

Reevaluación cognitiva

Otro gran ejemplo de cambio de discurso es una técnica llamada "reevaluación cognitiva". El concepto explica simplemente que nuestras palabras tienen poder. Pueden reforzar pensamientos y emociones contraproducentes... o ayudar a anularlos.

Tomemos la emoción contraproducente que la mayoría de nosotros sentimos en algún momento: la ansiedad. Digamos que estás a punto de tener una conversación importante, como una entrevista de trabajo o la primera reunión con los padres de tu pareja. Estás pensando que podrías decir algo equivocado. Te preocupa no poder relacionarte bien. Te imaginas que todo sale mal... y, mientras lo imaginas, te sientes peor. Te pones más nerviosa. Te estás dirigiendo a la reunión. Tienes cinco minutos. Tratas de relajarte y calmarte, y piensas: "Mantén la calma. Respira".

Sin embargo, cuando estás realmente nerviosa, es bastante difícil relajarte y calmarte. El nerviosismo no se calma. Los pensamientos irracionales no desaparecen repentinamente. La ansiedad es un alto estado de alerta. Tu corazón late más rápido, tus niveles de cortisol (estrés) suben, y tu cuerpo se prepara para entrar en acción. La calma es lo opuesto, así que parece natural que el antídoto contra la ansiedad sea intentar calmarte, pero la mejor respuesta es lo contrario a la lógica.

En lugar de pensar que debes relajarte, piensa que estás "emocionada". La emoción, como la ansiedad, es un estado de alerta, explica Alison Wood Brooks, profesora e investigadora de Harvard. En realidad, es un salto mucho más pequeño pasar de ansioso a emocionado, que pasar de ansioso a relajado. Por lo tanto, di en voz alta que estás *emocionada*. Convéncete.[3]

Ocurrencia tardía

A todas nos ha pasado. Alguien te tomó por sorpresa y te dijo algo grosero. No estabas preparada, pero, más tarde, mientras reflexionabas sobre la conversación por quincuagésima vez, ¡se te ocurrió *la mejor* respuesta que pudiste haberle dado! Piensas y te imaginas que le dices eso. ¡Qué buena respuesta! *Ahí tienes*, dices. Solo que no puede oírte. Nunca lo hará. Es demasiado tarde. El momento ha pasado. Se denomina

3. Allison Wood Brooks, "Get Excited: Reappraising Pre-Performance Anxiety as Excitement", *Journal of Experimental Psychology 143*, n.º 3 (2014): 1144-58, doi: 10.1037/a0035325.

"ocurrencia tardía": una respuesta perspicaz; la respuesta que se nos ocurre después que la discusión ha terminado o después de salir de una reunión social.

Típicamente, no hay verdadero placer en la ocurrencia tardía. Simplemente, te atormenta. Te recriminas por no haber pensado antes esa respuesta brillante. *¿Por qué no se me ocurrió entonces? ¿Por qué siempre me cohíbo en los momentos menos oportunos?*

Sin embargo, ¿qué pasa si utilizas tu ocurrencia tardía para mejorar intencionalmente tu premeditación? La premeditación es lo contrario: conocimiento oportuno; precaución; previsión. Puedes crear tus propias reglas personales sobre cómo responder a ciertos tipos de comportamientos. Por ejemplo, Yvette tiene un fuerte límite personal sobre el respeto. No participará de una conversación irrespetuosa. Le comunicó a aquella persona que podían volver a conversar cuando se calmara. La mayoría de las personas que son propensas a controlar a otros a través de la ira y los insultos no están acostumbradas a que los escuchen. Esa no es la respuesta que quieren. Neutraliza su poder. En lugar de permitir que otros te saquen de quicio, pon un alto a la situación de tal modo de evitar una reacción automática y contraproducente.

Hay una gran diferencia entre una reacción y una respuesta. Una reacción es inmediata. Es instintiva. Es predecible. Por lo general, es devolverles lo que te han dicho. Es un acto reflejo; complementariedad en acción. Una respuesta es reflexiva. Reúne información, examina las diversas dinámicas de una situación y considera la situación desde el punto de vista de los demás implicados. Una respuesta se piensa premeditadamente. Si respondo de esta manera, ¿cómo afectará el futuro? ¿Cómo afectará mis metas y objetivos? ¿Tiene sentido? ¿Tendrá importancia dentro de un mes o dentro de un año?

Si quieres hablar diferente, tus palabras y tu tono de voz no pueden ser una reacción. Deben ser una respuesta. A veces, tu decisión será permanecer en silencio por el momento. Otras veces, dirás algo completamente inesperado porque te has tomado tiempo para ser intencional. Algunas situaciones que inevitablemente enfrentamos merecen que seamos premeditadas: tomar una decisión con antelación sobre cómo responderemos si se presenta una situación.

Además de situaciones como gritarte o faltarte al respeto, es posible que te hagan preguntas que te pongan en apuros y a las cuales normalmente podrías responder enojada y sin ser fiel a ti misma. Tal vez tienes la tendencia a reaccionar de una forma particular a una de esas preguntas inoportunas, que se hacen en ámbitos sociales (por ejemplo: "¿Cuándo vas a tener hijos?", "¿Tienes alguna vacante para mi hijo [hija, sobrina o primo]?"). Cada vez que te hacen este tipo de preguntas, respondes de alguna manera con titubeos. ¿Qué pasa si, en cambio, piensas en la última vez que te sucedió eso y usas tu ocurrencia tardía para formular una respuesta que puedes utilizar la próxima vez?

¿Qué situaciones o preguntas, que probablemente volverán a ocurrir, te cohibieron y te dejaron sin respuesta?

Al mirar atrás a través del lente de la ocurrencia tardía, ¿cómo te gustaría haber respondido?

¿Cómo te gustaría responder en el futuro en situaciones similares?

Una advertencia aquí: *La conducta no complementaria no soluciona una situación de abuso de largo tiempo.* Si estás en una relación abusiva, una situación en la cual estás tratando con un comportamiento disfuncional repetido, busca ayuda. La conducta no complementaria está destinada a romper un patrón, no a formar un nuevo patrón en el cual seas atacada continuamente con agresiones verbales o de otro tipo y respondas continuamente con bondad sin la resolución mutua del problema. Una respuesta no complementaria es una herramienta para conversaciones únicas y aisladas, no una medida de acción para hacer frente a un comportamiento de codependencia.

*Si quieres hablar diferente, tus palabras y tu tono de voz no
pueden ser una reacción. Deben ser una respuesta.*

Debes estar dispuesta a ser diferente

Yvette Cook, que trató de manera tan eficaz con la clienta intimidadora que hacía llorar a los ejecutivos de cuentas con sus episodios de mal genio, ejemplifica el tipo de éxito que trata este libro. Su capacidad única de comunicarse auténticamente con firmeza y cordialidad es poco habitual. He entrenado a cientos de personas y he enseñado a miles, pero ella está por encima de todas. Es una de las entrenadoras que busco cuando necesito ayuda para comunicarme en una situación difícil. Por ello quiero contar aquí un poco más de su historia para ilustrar algunas ideas más.

Conocí a Yvette por primera vez cuando tenía alrededor de 25 años mientras dirigía una empresa de relaciones públicas. Ella contrató nuestros servicios para que la asistiéramos con una feria gigantesca de exposición y entretenimiento. Cuando se graduó de la Universidad de Denver, en la década de 1980, Yvette consiguió un trabajo como ayudante de gerente de crédito para la tienda por departamento Marshall Field en Dallas, por una remuneración de 12.500 dólares al año. "No tenía ningún préstamo por el auto ni deudas de tarjetas de crédito, pero apenas me alcanzaba para vivir —dice—. Una amiga y yo decidimos ir a la escuela de posgrado juntas, y empezamos una pequeña agencia de publicidad". Ella regresó a Denver y juntas dirigían la empresa mientras iban a la universidad. Entre los clientes conoció a alguien de una emisora de televisión, quien le hizo un comentario que le quedó grabado.

"Me comentó que los vendedores de televisión ganaban mucho dinero", recuerda. Al pensar en ello se dio cuenta de que había estado vendiendo desde la escuela secundaria, así que ¿por qué no intentarlo? Había hecho ventas al por menor y de puerta a puerta. Incluso había trabajado como promotora de abrigos de piel en la universidad. "Trabajar en el departamento de crédito, en el piso de ventas, como una promotora. Para mí, todo era ventas. Siempre y cuando creas en un producto, puedes venderlo". Aunque ella sabía que, con el tiempo, quería hacer algo en el campo de servicios sin fines de lucro, comenzó a incursionar en las ventas porque quería una base financiera sólida para su vida. Esa idea previsora resultó ser un salvavidas para ella y su familia. Después de casarse a los 25 años de edad y dar a luz a tres niños en pocos años, descubrió que su vida personal empezaba a deshacerse. A los 30 años de edad, ya era una madre sola divorciada.

"Para ser sincera, mi crecimiento profesional surgió de ser una mamá soltera que necesitaba sostener a sus tres hijos —dijo ella—. Sabía que iba a ser un desafío para el progreso de mi carrera como madre soltera. También sabía que estaba en una industria que me permitiría brindarles cosas como una educación privada y estudios universitarios. Cuando empecé en ventas, fue por eso".

Después de la escuela de posgrado, comenzó en una pequeña emisora de radio, con la esperanza de pasar rápidamente a la televisión. Lo logró. Tres meses más tarde llegó exactamente a la posición que aspiraba, como ejecutiva de cuentas con una de las afiliadas más exitosas de la red en el país. Pronto obtuvo su primera promoción. Luego otra. "Entonces, llegué al tope —recuerda—. Fue frustrante. Hasta ese momento, realmente no pensé que habría barreras. Mis padres nos habían enseñado a mi hermano y a mí que todas las cosas eran posibles. Fue mi primer choque con la realidad de las barreras laborales".

Busca tu *locus* interno de control

En vez de responder de una manera que cerrara puertas, decidió responder con una valiosa pregunta para ella y los mentores y amigos fuera del canal de televisión en quienes confiaba. "Mi reacción fue: 'Ok, ¿cómo puedo superar esto?'".

Esta respuesta es notable. Cambió el típico discurso —quejarse y aceptar su estado actual—, e hizo una pregunta que le permitía transformar un problema en una oportunidad. Es algo que las mujeres exitosas hacen constantemente: se centran en lo que pueden controlar en lugar de amargarse por lo que no pueden. Lo escucharás en el lenguaje que usan cuando enfrentan dificultades. Quienes luchan por alcanzar el éxito usan el lenguaje para quejarse de su situación, tratan de manipular a los responsables de tomar las decisiones o, en general, se centran en el problema. Dicen cosas como:

- Este es un problema realmente grave. La mayoría de la gente no supera este obstáculo, así que probablemente necesito aprender a vivir con él.

- Si nadie más lo ha superado, no sé por qué debería pensar que yo lo haré.

- La vida es injusta. Mi vida es injusta.

- ¿Por qué nunca puedo salir adelante?

Las mujeres exitosas hablan de esto así:

- Tengo un problema. ¿Cómo puedo superarlo?

- ¿Quién de mis conocidos podría ayudarme?

- ¿Cómo han logrado superar este problema las personas exitosas?

- No permitiré que lo que no puedo controlar me domine.

- Aprovecharé todo lo que pueda controlar, aunque eso signifique hacer un cambio grande e intimidatorio.

La palabra *locus* viene del latín *localis* (relativo al lugar); de modo que el *locus* de control hace referencia a la percepción de una persona acerca de dónde se localiza el agente causal de los acontecimientos de su vida cotidiana.

Las personas con un *locus* de control externo culpan y agradecen a factores externos por lo que ocurre en sus vidas. Las personas con un *locus* de control interno tienden a creer que sus acciones determinan en gran medida los sucesos de su vida. Esto significa que, cuando aparece una dificultad, no solo consideran lo que podrían haber hecho diferente para no haber llegado a esa situación, sino que también consideran lo que pueden hacer ahora para superar tal dificultad.

Una mujer de fe puede luchar con esta noción si no está equilibrada en su perspectiva. Por ejemplo, si crees que Dios controla todos los aspectos de lo que sucede en tu vida y que realmente no importa lo que tú hagas, porque las cosas van a suceder de la manera que Dios quiso, entonces tienes un *locus* de control externo que te absuelve de cualquier responsabilidad por las consecuencias en tu vida. Si esto te describe, fíjate el objetivo de observar lo que Dios ha puesto bajo tu control para superar tus dificultades. Tienes dones, recursos, relaciones personales. No desperdicies esas bendiciones. Úsalas.

Yvette hizo precisamente eso. "Una amiga que sabía lo que estaba atravesando me llamó por un trabajo con Gannett", una importante compañía de medios de comunicación que buscaba promover a las mujeres en ese momento. "Fui a su programa de administración de estaciones de primera línea —explicó—. Mis hijos y yo nos mudamos a Carolina del Norte y me convertí en gerente general de ventas". Poco después fue promovida a vicepresidenta.

"No estaba tratando de que me promovieran a vicepresidenta. Concurría a trabajar todos los días, di todo de mí y traté de hacer todo lo posible en favor de la organización. Creo que la oportunidad llegó como resultado".

En 1999, ella hizo un cambio hacia su objetivo original de servicio sin fines de lucro cuando fue a una emisora pública como vicepresidenta de desarrollo, hasta que finalmente terminó en United Way, en 2009, como vicepresidenta superior de *marketing* en Atlanta. Apenas un año más tarde, la llamaron para ser directora ejecutiva de la organización que administra actualmente. En su consejo para las mujeres en particular, reitera la importancia de cambiar el discurso en vez de seguir el guion que tantas mujeres —y, de hecho, hombres— siguen:

- Si tienes una conversación difícil, planifícala. Lo primero que debes hacer es ponerte en el lugar de las otras personas implicadas. Trata de ver las cosas desde su perspectiva y luego piensa qué vas a decir. ¿Qué sienten? ¿Qué quieren?

- Ten compasión en las conversaciones difíciles. "Habla con bondad y compasión, y siempre termina un diálogo difícil con algún tipo de solución".

- Lo peor que puedes hacer es evitar una conversación que sabes que debes tener. Cuanto más tiempo esperes, más estresada estarás. Dialogar proporciona liberación y alivio.

- No te preocupes tanto por ser escuchada como por contribuir con algo de valor a la conversación. Escucha todas las partes. Busca soluciones que consideren todas las partes. "No hablo mucho. Trato de escuchar y formular ideas en mi mente. Una vez que todos han hablado, expongo mis pensamientos que están orientados a la solución".

- Habla con respeto. Nunca intimides a la otra persona. Es la forma más ineficaz de comunicación y manejo de la situación. "Los buenos líderes tienen espíritu de servicio. Obtendrás más productividad de las personas si las tratas con el mismo respeto que tú deseas".

- Ten más conversaciones y menos mensajes de correo electrónico y textos. "Antes del correo electrónico, estabas obligada a tener un mayor sentido de la comunicación y la interacción personal. No suelo responder por correo electrónico a cosas que necesitan un diálogo, y una ida y vuelta en la conversación".

- No hay nada mejor que la verdad, aunque a veces sea doloroso. "Solían decir en la oficina: 'Si no quieres saber la verdad, no le preguntes a Yvette Cook', pero yo la decía de una forma que era profesionalmente bien recibida. Debes saber que hay dos partes, a veces tres. No le digas a la gente lo que quiere oír, sino lo que necesita oír". Si aprendes a decir la verdad con compasión y amor, en lugar de hacerlo con poco tacto o enojo, te sorprenderás de los resultados que obtendrás en tu vida, tanto profesional como personal.

- Haz una pausa antes de hablar. Las respuestas complementarias dependen de tu reacción automática a las cosas. Es un acto reflejo natural que haces casi sin pensar. Haz una pausa antes de reaccionar para que puedas responder de una manera no complementaria.

- Habla amablemente. Utiliza un tono neutro o cordial en las conversaciones difíciles. Esto desacelera cualquier respuesta emocional.

- Mantente enfocada en tu visión. Es fácil desviarse a causa de las distracciones que ocasionan ciertas circunstancias y conversaciones inesperadas, pero siempre pon tus ojos en tu meta. Luego elige las palabras que te acerquen un paso más hacia esa meta.

Pautas para el éxito

- Toma más conciencia de la conducta complementaria: la tendencia a reflejar lo que otros dicen y hacen.

- Cuando participes en un conflicto, no reacciones de manera complementaria. Reduce la intensidad del conflicto con una respuesta no complementaria.

- Recuerda ser compasiva con tus palabras, especialmente cuando lo que tienes para decir será inevitablemente difícil de escuchar para la otra persona.

Lo que toda mujer debe saber

- Hablar diferente a veces significa hacer lo contrario del pensamiento convencional.

- Los seres humanos tienden a reflejar los movimientos y las emociones del otro. Sé intencional acerca de los movimientos y las emociones que deseas devolver como reflejo a los demás.

- La compasión tiene el poder de cambiar incluso la conversación más difícil.

Preguntas de reflexión personal

- ¿Con qué parte de este capítulo te identificas más? Por consiguiente, ¿qué paso darás?

- ¿En qué relación tienes una sensación de ocurrencia tardía? En el futuro, ¿cómo podrías cambiar tu discurso cuando le respondas a esa persona?

- ¿En qué situación de tu vida la conducta no complementaria te permitirá aplacar la frustración emocional en lugar de encenderla?

- ¿En qué circunstancia de tu vida necesitas tener autocompasión en este momento? ¿Cómo cambiarían tus pensamientos sobre esa circunstancia si tuvieras autocompasión?

Habla diferente

No respondas de manera predecible a situaciones disfuncionales. Rompe el patrón de reflejar el comportamiento negativo. Responde de una manera contraria de lo que se espera. Usa la compasión y la sabiduría como tu guía.

Inspira confianza a través del respeto

*Por qué necesitas cambiar tu manera de
hablar si quieres encontrar libertad.*

Les hablo a todos de la misma manera, ya sea al
recolector de basura o al presidente de la universidad.
ALBERT EINSTEIN

Lecciones clave

- Las mujeres exitosas aprovechan las pequeñas oportunidades como si fueran las mejores oportunidades.

- Los límites son tu definición de lo que está bien y lo que no lo está.

- Las relaciones personales abren la puerta para tus sueños. No subestimes a ninguna de ellas.

Durante tres años después de graduarse de la universidad, Kym Lee mantuvo implacable su visión de ingresar en la Facultad de Derecho de Georgetown. Incluso buscó un trabajo en la facultad para desarrollar relaciones que pudieran mejorar sus posibilidades de ingreso, pero, cuando llegó allí, se dio cuenta de que había perseguido el sueño equivocado.

"Recuerdo haber estado sentada en una conferencia con la revista *Vogue* escondida entre las páginas de uno de mis libros de texto", me dijo. En su primer año, no pudo ignorar la verdad. Su pasión no era ley. Su pasión era todo lo relativo a la belleza y la moda. Sin embargo, ¿cómo te alejas de la oportunidad que tanto te esforzaste por alcanzar? ¿Una que ofrece prestigio y promete mucho? En el caso de Kym Lee, es darlo todo para empezar de nuevo. La misma determinación y búsqueda de relaciones personales que le ayudó a ingresar en la Facultad de Derecho de Georgetown podría ayudarla para comenzar una nueva carrera a partir de cero. Fue una decisión audaz, pero, en las últimas dos décadas como artista de maquillaje de celebridades, ha "maquillado" el rostro de algunos de los grandes nombres del mundo del cine, la música, la política y el deporte.

Después de abandonar la Facultad de Derecho para perseguir su pasión, Kym comenzó a trabajar en el mostrador de MAC (Make-up Art Cosmetics). Allí, estaba determinada a desarrollar relaciones que le pudieran abrir una puerta.

"Seis meses más tarde me invitaron a hacer un maquillaje para un video musical de alguien que vino al mostrador de MAC. Le preguntaron a la directora quién estaba disponible para las próximas dos semanas. La directora dijo: 'Pues bien, Kym está disponible'. El productor era de BET [Black Entertainment Television]".

Al productor le gustó su trabajo y se la recomendó a un amigo de su familia, Derrick Rutledge. "Sabía quién era Derrick, pero no conocía la magnitud de lo que estaba haciendo en BET. Terminé como asistente de Derrick en *Teen Summit*", que fue un programa popular de la cadena de televisión. Con el tiempo, mientras trabajaba en casi todos los espectáculos producidos en la cadena y en todos sus programas galardonados, conoció a cientos de estrellas y a quienes manejaban sus carreras.

"BET fue un hito importante, porque dado que teníamos la reputación de tener maquillistas muy calificados, cuando venían artistas de la música, no traían a sus propios maquilladores. Incluso leyendas como Diana Ross, Tina Turner y Chaka Khan permitieron al equipo de BET encargarse de su maquillaje. Derrick abrió el camino. Todos maquillábamos muy parecido a él —dice ella de Rutledge, que ahora es el maquillista de Oprah Winfrey—. Eso me dio la oportunidad de hacer contactos".

Esto es decisivo. Puede ser fácil pasar por alto lo que las mujeres exitosas hacen diferente. Puede ser fácil decir: "Bueno, tuvo suerte. Llegó a trabajar con los mejores", pero la verdadera pregunta es: *¿Cómo llegó a trabajar con los mejores?* Nadie le ofreció una oportunidad en bandeja de plata. Empezó de cero, sin contactos. Muchas personas van a trabajar al mostrador de maquillaje con sueños de maquillar a los actores de las mejores películas. Muy pocas realmente lo logran.

Lo que veo en Kym es alguien que preguntó: "¿Dónde podría posicionarme para conocer a personas que puedan abrirme una puerta para llegar a mi meta?". Cuando quería entrar en la Facultad de Derecho de Georgetown, después de graduarse con honores de la Universidad Estatal de Bowie, se hizo esa pregunta. Y terminó por buscar un trabajo en la biblioteca de Derecho. Fue allí donde finalmente consiguió la aprobación de ingreso de la Facultad de Derecho. Cuando una persona desconocida solicitó ocasionalmente un artista de maquillaje para un video musical, Kym estaba ansiosa por aprovechar la oportunidad, y eso abrió la puerta para trabajar bajo uno de los artistas de maquillaje más talentosos y poder maquillar a algunos de los artistas musicales más famosos del país.

Durante diez años trabajó diligentemente en BET antes de expandir sus oportunidades para incluir a las industrias del deporte y el cine. Lo hizo porque inspiró confianza en cada persona que la conoció. ¿Cómo? Primero, desarrolló su talento y se hizo conocida en su arte. El resultado de su trabajo gustaba. Es fácil recomendar a alguien que te encanta como trabaja. ¿Recuerdas que, al principio de este libro, señalé que el talento y el esfuerzo son importantes, pero que tu voz es la pieza que falta? El talento y el esfuerzo de Kym eran impecables, pero su voz —su capacidad de relacionarse e inspirar confianza a través del respeto por su trabajo— la catapultó al siguiente nivel.

"Mi punto de inflexión fue trabajar con Venus y Serena Williams —dice Kym, al recordar al magnífico dúo de tenis—. Era la primera vez que trabajaba con atletas de su calibre y no con un artista de la música". Ella explica que la oportunidad surgió cuando su nombre llegó a oídos de la representante de las hermanas Williams. Luego su trabajo apareció en la portada de una importante revista nacional, y cada vez más personas se percataron de su arte.

Puede ser fácil decir: "Bueno, tuvo suerte. Llegó a trabajar con los mejores", pero la verdadera pregunta es: ¿Cómo llegó a trabajar con los mejores?

"Debes transmitir serenidad y competencia cuando estás trabajando con personas de mucha influencia —dice—. La confianza viene al estudiar tu arte y saber lo que estás haciendo. Una buena preparación siempre va a hacer que la gente sepa que debe usar tus servicios. Incluso cuando no estaba segura, parecía segura. Los demás confían en ti cuando tú pareces segura de ti misma. Eso es algo que he dominado en mi carrera. Quiero que sepan que pueden confiar en mí y que todo lo que les haga va a quedar muy bien. No es altivez. Es confianza".

Una de las mayores oportunidades de Kym fue por casualidad y se convirtió en algo mucho más grande. La actriz nominada al Óscar, Angela Bassett, contrató a Kym mientras estaba en Washington, DC, para una conferencia. "Cuando me vio, en realidad yo no era la persona que ella esperaba", recuerda Kym. Ella había utilizado los servicios de otra maquillista llamada Kim durante otro viaje a DC. Cuando Kym se presentó, ella recuerda que la actriz dijo: "Tú no eres Kim". "Sí, lo soy", respondió Kym. "¡Bueno, no eres la Kim que yo esperaba! —dijo la actriz—; pero ya estás aquí, así que vamos, adelante".

"Había estudiado su rostro antes de concurrir", dice en referencia a su investigación de las imágenes y las revistas publicadas con fotografías de la actriz. Estaba lluvioso y oscuro ese día, y la habitación no tenía tanta luz como a Kym le hubiera gustado. "Mientras trataba de maquillarla en medio de tan poca luz, pensaba: *Espero que lo esté haciendo bien*", dice Kym. Y su trabajo fue excepcional. Dos semanas después, recibió una llamada.

"Hola, Kym, habla Angela".

"Yo estaba como, ¿qué Angela? Quiero decir, no esperas que te llame Angela Bassett", bromea Kym. Sin embargo, era ella. Llamó para invitarla a Nueva Escocia como su maquilladora personal para el rodaje de la exitosa película *Dos familias y una boda*. La experiencia abrió la puerta para que Kym se uniera a ese gremio, lo cual le abrió más puertas en el cine.

Kym consiguió más trabajo en el cine, incluso para la película *Sparkle*, donde fue la última maquilladora en trabajar con la fallecida Whitney Houston. En los últimos años, el trabajo de Kym pudo verse en los premios Grammy de la Academia, en el cine, los deportes y la música. Lanzó su propia línea de maquillajes, Wink & Pout. Y, al nivel personal, terminó una Maestría en Divinidades y se comprometió en matrimonio.

Le pedí a Kym su consejo sobre comunicación:

- Mantente en contacto. Habla con clientes y con aquellos que pueden ayudarte. Comunícate por medio de correos electrónicos o mensajes de texto, aunque no estén utilizando tus servicios. Mantén la puerta abierta. "No permitas que se cierre".

- Kym ve su silla de maquillaje como un ministerio para escuchar y animar a otros. "Siempre oro antes de tocar a alguien. Soy muy sensible al Espíritu. Pido discernimiento y sabiduría todos los días". A veces no hay tiempo para hablar. A veces solo tienes que escuchar.

- Tu apariencia es muy importante. Si la primera impresión de una persona es que no tienes una buena presencia, tendrás que compensarlo excesivamente en otras áreas. Eres buena en lo que haces. Tienes talento. ¿Por qué hacerte esto?

- En cuanto a la apariencia, ella sugiere: "Depílate las cejas. Arréglate las uñas. Ponte lápiz labial. Estas cosas cambian totalmente tu imagen y demuestran que eres cuidadosa".

- Recuerda que, en la relación personal con tu cónyuge o pareja, quizá tengas que aprender a comunicarte diferente que en el mundo de los negocios. Sé sensible a ello.

A lo largo del camino, las relaciones han contactado a Kym con la oportunidad. En cada etapa podría haber perdido la ocasión si no hubiera dado lo máximo de sí para una oportunidad supuestamente pequeña, o no hubiera sido consecuente o no hubiera tratado a las personas que no parecían tener decisión igual que a aquellas que obviamente tenían la última palabra. Sin embargo, Kym se centró en su objetivo y reconoció que solo a través de fuertes relaciones construidas sobre la confianza en su trabajo y el respeto mutuo con sus clientes podría lograr su visión.

Infunde confianza y respeto

La historia de Kym Lee podría parecer, a simple vista, la de alguien que supo establecer contactos que le ofrecieron oportunidades. Sin embargo, profundiza un poco más y verás que su historia, en realidad, es la de alguien que supo infundir confianza; que se podía confiar en ella por sus resultados consecuentes, que cada vez daba lo máximo de sí y mostraba verdadera atención e interés por sus clientes. Cuando hablas a través de tus acciones —preparación, consecuencia y rectitud— infundes confianza en la gente. La confianza conduce a una mayor influencia y mayores oportunidades. Pregúntate: *¿Estoy infundiendo confianza? ¿Hacen mis acciones y mi talento que la gente confíe más o menos en mí?*

Al fin y al cabo, la confianza produce respeto y el respeto abre las puertas de la oportunidad. Atrae a otros más a ti. Multiplica contactos y relaciones. El respeto nace de un entendimiento mutuo entre dos personas y su aceptación de lo que es admisible y lo que no lo es. Tiene que ver con establecer los límites y las expectativas, que permiten que una relación prospere y crezca. Cuando no se cumplen las expectativas y se cruzan los límites, la confianza disminuye. Cuando la confianza disminuye, la relación se debilita. Cuando la relación se debilita, el éxito es menos probable. ¿Por qué? Porque el éxito depende no solo de tu talento y esfuerzo, sino también de las personas que te ayudan, te abren las puertas y quieren ser parte de lo que estás haciendo.

La idea central de hablar diferente es vincularte con las personas de manera que te permita influir positivamente en otros con tu propósito, y tener resiliencia y gozo a lo largo del proceso. Hablar diferente construye esas relaciones.

El respeto abre las puertas de la oportunidad.

Establece límites

Si el respeto nace de un entendimiento mutuo entre dos personas y su aceptación de lo que es admisible y lo que no lo es, entonces, en esencia, el respeto es establecer límites firmes y saludables. Eso significa primero ser claro sobre lo que está bien y lo que no lo está. Por lo tanto, significa comunicar esos límites con claridad.

Cuando alguien cruza tus límites, la reacción normal es la ira y el resentimiento. A menudo nos resentimos, porque no le hemos comunicado esos límites a la otra persona. Ya sea que no lo hayas hecho por miedo de hablar o simplemente no fuiste clara con respecto a tus expectativas, es un problema que tiene solución. Necesitarás valor si no te gusta hablar, pero es indispensable. Aunque desde luego no les sucede a todas las mujeres, a muchas les cuesta establecer límites porque las pone nerviosas, no les parece "amigable" o tienen miedo de lo que otros piensen. Sin embargo, los límites te permiten realmente desarrollar relaciones fuertes. Los límites fijan las expectativas y un acuerdo sobre lo que está bien en la relación y lo que no. Es saludable. Y para cualquier relación exitosa, personal o profesional, es necesario.

Cuando se ponen a prueba los límites

"Mi jefe me asigna demasiadas responsabilidades, y no hay manera de poder cumplir con todo. Quiero hablar, pero no sé qué decir", se lamentó Marcela. Esta situación ha surgido varias veces durante las sesiones de entrenamiento con los clientes. Cuando es imposible cumplir con las exigencias debido a las limitaciones de tiempo, normalmente les formulo a clientas como Marcela preguntas que les ayudarán a devolver la responsabilidad al jefe.

"¿Qué pasaría en tu reunión de mañana si le dijeras esto? —le pregunté, y luego le di un guion—: Sé que quieres que termine el proyecto A y el proyecto B para el miércoles. El proyecto A me va a llevar al menos doce horas, incluyendo las llamadas al cliente y la comunicación de los resultados. El proyecto B requerirá unas diez horas. ¿Cuál es de más prioridad?".

Para la mayoría de los clientes, este tipo de discurso funciona bien. En lugar de decidir a qué proyecto darle prioridad y correr el riesgo de equivocarse, le consultan a su jefe. Les dejan claro cuánto tiempo se requiere, lo cual ilustra fehacientemente que existe un dilema y que no pueden terminar ambos proyectos dentro del plazo de tiempo, al menos no con los recursos que se les han asignado. Los clientes suelen comentarme, en la siguiente sesión, que el jefe eligió un proyecto sobre el otro y que ajustó el plazo de tiempo para el segundo proyecto, o delegó algunas tareas de los proyectos a otros miembros del equipo para llegar a tiempo.

En el caso de Marcela, su riguroso jefe le dijo que tendría que averiguar cómo hacer ambas cosas, y que no habría ningún ajuste en el plazo de tiempo. "Supongo que tendrás que trabajar varias noches sin dormir", dijo casualmente mientras seguía escribiendo en su computadora. Parecía disfrutar de poner ansiosos a los empleados mediante un ejercicio de su autoridad con plazos poco realistas. Dado que el salario estaba por encima de la media, la mayoría de los empleados se tragaba su orgullo y lo soportaba. Sin embargo, ese día en particular, cuando Marcela describió su dilema, parecía estar cuestionando sus opciones.

—Tengo curiosidad, Marcela —le dije—. ¿Cómo te sentiste al ver que apenas levantó la vista de su computadora cuando le mencionaste tu necesidad desesperada de aliviar de alguna manera el estrés causado por un plazo tan poco realista?

Marcela suspiró en respuesta y dejó ver un profundo sentimiento de desmoralización.

—Me sentí insignificante. Inferior. Menospreciada. Indigna de cualquier tipo de empatía —dijo ofuscada—. Era como si solo importara que hiciera el trabajo; como si mi nivel de estrés no importara. Si me desvanecía sobre mi escritorio, ¡Oh, pues bien! Además, sentí como si mi vida le perteneciera a la compañía incluso fuera de las horas de trabajo. Básicamente, tener este trabajo significa renunciar a mi derecho de tener tiempo personal.

—Esa es una observación reveladora —respondí—. ¿Y qué le respondiste?

—No dije nada —contestó con un susurro de vergüenza y frustración—. Estaba aturdida y me sentía demasiado indefensa para decirle lo que me gustaría haberle dicho, ya sabes, algo audaz y fuerte, algo para defenderme.

—¿Por qué? —pregunté con curiosidad. A pesar de que estaba bastante segura de que sabía la respuesta, como entrenadora he aprendido que nunca debo hacer suposiciones. Muchas veces mi suposición no es exacta. Por desgracia, en este caso lo era.

—No quiero perder mi trabajo —dijo—. Así que supongo que solo tendré que encontrar la manera de que no me resulte tan estresante. Tal vez necesito rebajar mis expectativas.

—Pues bien, solo voy a recapitular lo que estás diciendo, ¿de acuerdo? —le pregunté.

—Bueno.

—Estás en una posición en la que no te sientes libre de hablar. Debes hacer silencio y aceptar que te trate como una persona insignificante, inferior, menospreciada y desvalorizada. Tu plan de acción para hacer frente a esta situación es encontrar una manera de dejar de sentirte sin importancia, inferior, menospreciada y desvalorizada. ¿Es eso lo que acabas de decir? —le dije en un tono completamente neutral.

Ella hizo una pausa de al menos 15 segundos. Oí una respiración profunda, seguida por un suspiro. Después murmuró entre dientes y se quejó por haber contratado a una entrenadora que le dijera la verdad. Luego se rio nerviosamente.

—Sí, eso *es* lo que acabo de decir —admitió, casi como si todavía estuviera procesando tal declaración.

—¿Es eso lo que realmente quieres?

—No. No lo es, pero no sé cómo cambiarlo.

¿Alguna vez te has encontrado en esa disyuntiva? ¿Atrapada en una situación en la que sabes que nada de lo que puedas decir cambiará la posición de la persona con más poder en esa situación? A mí me ha pasado. Y me sentí débil y avasallada. Igual que Marcela. Es decir, hasta que finalmente se me ocurrió que, en situaciones como estas, una persona solo puede tener poder sobre ti si se lo permites.

Cuando te encuentras en una situación en la que tu voz no cuenta, tus necesidades no importan mucho y nada de lo que digas cambiará las cosas, entonces es el momento de preguntarte: "¿Necesito cambiar el equilibrio de poder en esta situación?".

Esto es lo que quiero decir. Mientras Marcela continúe en ese trabajo sin importar lo que pase, solo porque paga más que otros trabajos de su nivel, entonces deberá someterse a una autoridad que no solo controla sus horas de trabajo, sino que también se extralimita una y otra vez y afecta su tiempo personal. Si ella amplía su perspectiva sobre sus opciones, puede empezar a ver que ese trabajo podría no ser digno de las cosas a las que debe renunciar —el gozo, el respeto por sí misma, la paz— a fin de mantenerlo. Una vez que su objetivo se convierte en tener la libertad de hablar, de elegir su horario y de tener seguridad financiera, su enfoque cambiará de "mantener su trabajo" a considerar otras opciones.

Esto no sucede de la noche a la mañana, pero con una visión clara es posible, y eso comienza con la comprensión de tus valores.

Una mujer exitosa crea intencionalmente un conjunto de circunstancias que le da la libertad de hablar abiertamente de sus valores, necesidades y creencias. Por el contrario, una mujer promedio o no exitosa acepta circunstancias que sacrifican sus valores, necesidades y creencias a cambio de lo que siente como seguridad, ya sea que se trate de un trabajo, dinero o una relación.

Cuando te encuentras en una situación en la que tu voz no cuenta, tus necesidades no importan mucho y nada de lo que digas cambiará las cosas, entonces es el momento de preguntarte: "¿Necesito cambiar el equilibrio de poder en esta situación?".

La verdadera fuente de la libertad

El concepto de la creación de libertad profesional y financiera requiere un cambio de mentalidad, ya sea como un agente libre de alta demanda que nunca necesita buscar empleo, trabajar por cuenta propia o no trabajar en absoluto. El primer cambio es reconocer que un trabajo o una persona no es tu fuente de oportunidades. Es mucho más grande que una persona. Dios mismo crea oportunidades, y puede crear algunas que ni siquiera imaginaste, pero eso normalmente no sucede hasta que empiezas a pensar diferente sobre lo que puede ser tu vida, tus horarios, tu cuenta bancaria y tus relaciones personales. En Mateo 19:26, Jesús nos recuerda: "para Dios todo es posible".

Incluso para la mujer más llena de fe, no es raro a veces perder de vista esta verdad. Cuando la vida está llena de incertidumbre y has estado atrapada en la misma situación durante años, puedes empezar a creer que así será siempre. Que lo mejor que puedes esperar es tratar de seguir adelante, pagar las facturas, aferrarte a esa relación y conformarte con tener un trabajo. Sin embargo, creo que estás leyendo estas palabras porque te resistes a ser una mujer promedio. Hay algo más y mejor para ti. Tener la libertad de tomar decisiones que reflejan tu fe y tu potencial es parte de ese algo mejor.

Así que tal vez es hora de empezar a imaginar lo que tal vez necesites cambiar, qué nuevas opciones sentarán las bases para construir una vida en la que tengas más opinión sobre cómo inviertes tu tiempo y con quién lo inviertes. Puede que no suceda de la noche a la mañana, pero la posibilidad comenzará a presentarse el día que decidas que vivir como todos los demás ya no funciona para ti, y que tal vez, solo tal vez, Dios tiene algo mejor reservado para ti.

El primer cambio es reconocer que un trabajo o una persona no es tu fuente de oportunidades.

Cuando pienso en la visión que tuve a los 20 años —tener una carrera como escritora y estar felizmente casada con hijos—, me doy cuenta de que mi vida actual comenzó con mis pensamientos. A los 22 comencé a confesar con mi boca la existencia de esa vida y a trabajar activamente por lograrla. Intenté escribir mi primer libro a esa edad. Digo "intenté" porque, literalmente, escribí todo lo que sabía y, después de unas 10.000 palabras, no tenía absolutamente nada más para decir. No había conseguido mi propósito todavía. No estaba preparada, pero estaba dispuesta. Dos intentos y cuatro años más pasarían antes que tuviera éxito en publicar mi primer libro. Sí, he leído las estadísticas de que el 95% de los agentes no aceptan representar a los aspirantes a escritores. También conocía las estadísticas de que el 97% de los manuscritos enviados a las editoriales van a parar al cesto de basura. Mi curiosidad era sobre el otro 3%. Si podía averiguar lo que hicieron diferente al 97%, tal vez lograría que me lo publicaran. Si conseguía publicar un libro, tal vez podría tener una carrera como escritora, una que me permitiera la libertad de trabajar cuando quisiera y no cuando me dijeran. La libertad es un valor fundamental para mí, así que ese era mi sueño.

Aquel día, en esa sesión de entrenamiento con Marcela, la idea de que su vida podría empezar a ser diferente se convirtió en su sueño. Tenía curiosidad por saber qué debía cambiar para tener la libertad de hablar en lugar de callarse cuando la trataran de manera tan poco profesional e injusta en el trabajo. En lugar de concentrarse en el temor de perder su trabajo e ingresos, comenzó a concentrarse en la visión de trabajar por la alegría del trabajo, no por el dinero. "La pasión suena bien, pero no paga las facturas", era algo que solía decir su madre soltera al recordar la vez que había querido iniciar una empresa de diseño de interiores. Marcela creció escuchando repetidos mensajes sobre "conseguir un buen trabajo" y "ser realista". Estas no eran solo creencias de hace mucho tiempo, eran palabras que se habían repetido. Para encontrar la libertad, tendría que cambiar su manera de hablar.

Puesto que estás leyendo este libro, creo que estás abierta a ver tus opciones desde una nueva perspectiva también. A veces, tener la confianza y la audacia para decir tu verdad requiere que te sitúes en un ambiente donde puedas ser auténtica. De lo contrario, te encontrarás lidiando con consecuencias que no estás preparada para asimilar.

*Para encontrar la libertad, tendría que cambiar
su manera de hablar.*

Te toca a ti. Identifica las situaciones en las que te sientes obligada a permanecer en silencio, consentir con una falsedad, o fingir que todo está bien cuando no lo está.

Ahora, identifica la consecuencia más problemática de hablar. ¿Qué temes que pase? Si eso sucede, ¿cuál será el efecto dominó?

Siéntate a solas en un lugar apartado y tranquilo. Respira e imagina que el aire es fe y sabiduría divina. Invita al Espíritu Santo a que te revele el cambio que debe ocurrir en tu vida. Imagínate que eres libre de decir la verdad sin que las consecuencias tengan el poder de amedrentarte o atemorizarte. ¿Qué ves en esa visión que te hace libre para hablar?

Sea lo que sea que veas en esa visión, que no existe en tu realidad actual, es lo que te invito a imaginar para tu vida. Piensa con valentía. Date el permiso de soñar. Establece la intención de comenzar a dar pasos hacia ella. Decide que lo que hoy ves en tu vida no es un indicador de lo que verás mañana.

Di lo que quieres decir. Ni más ni menos

¿Qué es exactamente lo que nos permite ser auténticas cuando estamos hablando con otras personas? Es decir, cuando quieres expresar tu verdad, cuando tienes algo que decir pero te callas, ¿qué está pasando realmente? Cuando conoces a alguien, pero sientes que tienes que impresionarlo en vez de ser tú misma y permitir que la oportunidad surja orgánicamente, ¿de qué se trata todo eso? Me gustaría sugerir que muchas veces se trata de un deseo de alabanza. Ese deseo de caer bien, de aprobación, también se conoce como miedo al rechazo y la desaprobación y síndrome complaciente. Si eres como muchas otras mujeres, este puede ser uno de tus temores centrales. Y puede aparecer sin que te des cuenta realmente de que está controlando tu manera de comunicarte con la gente o tu falta de comunicación.

Podemos pasar tanto tiempo deseando caerle bien a la gente, ser aceptadas, recibir aprobación o querer el trabajo, el cónyuge o cualquier otra cosa envidiable, que eso cambia nuestra manera de interactuar con las personas. En lugar de ser nosotras mismas, nos sentimos tentadas a ser quienes creemos que debemos ser para que nos acepten. A veces eso significa callar. En otras ocasiones, significa mantener las apariencias y decir lo que la gente quiere oír. En consecuencia, no pueden vernos… como realmente somos. Solo pueden ver nuestra inseguridad y, cuando eso sucede, no es agradable. Cuando nuestras inseguridades hablan, decimos cosas que realmente no queremos decir; las cosas que creemos son las que nos hacen ganar aprobación y amor.

Lo que dices	Lo que estás pensando
¡Claro, me encantaría trabajar en ese proyecto!	Detesto trabajar en este proyecto, porque todo el equipo es negativo. Ojalá me pudieran derivar a otro departamento para poder trabajar con personas más positivas.
No estoy enojada.	¡En este momento estoy muy enojada!
¡Oh, no! No me ofendiste en absoluto.	Claro que sí; no puedo creer que hayas dicho eso. Fue insensible, egoísta e impudente de tu parte.
¡Por supuesto que eres bienvenida! Siempre nos encanta tenerte con nosotros.	Estoy agotada. Necesito descansar. No puedo creer que no te des cuenta.

Los oradores que hablan claro son líderes convincentes. Evitarás muchos problemas y malentendidos si dices la verdad con valor, pero de manera amable. Di lo que quieres decir. Exactamente eso. Aunque te resulte difícil, puedes decir: "Me cuesta decir esto, pero…". "He pensado mucho en esto…". "Lo que estoy tratando de decir es…". Hacer una especie de prefacio de las cosas que te cuestan decir, al saber que puede ser realmente difícil de aceptar para quienes te escuchan, puede ayudarte a relajar y aliviar tensiones, tanto para ti como para la persona con quien estás hablando.

Los oradores que hablan claro son líderes convincentes.

Qué decir cuando tienes miedo de decir que no

¿Te cuesta a veces decir que no? Si rechazar una petición que va en contra de tu voluntad te produce ansiedad y dices que sí o, lisa y llanamente, evitas la conversación, aquí hay algunas formas de expresar de manera auténtica lo que necesitas decir:

1. **"Déjame pensarlo"**

   A veces, es solo que no estás segura de querer decir que sí. Si simplemente no te parece bien o es un pedido que merece más que una reacción automática, di: "Déjame pensarlo y después te respondo". Especialmente, si eres alguien que dice que sí demasiado rápido y después lo lamentas, esta expresión debería convertirse en un hábito. Te da espacio para respirar y procesar el pedido y armarte de valor para ser sincera. Entonces, si la respuesta es no, puedes usar una de las tres expresiones siguientes.

2. **"Eso no me conviene"**

   Ya sea que se trate de un conflicto de horarios o de valores, decir "Eso no me conviene" establece un límite. Indica que tu decisión tiene que ver con tus necesidades o límites. Si hay lugar a una negociación, comunica que la única manera de decir que sí es que la persona que hace la petición se ajuste a tu conveniencia.

3. **"Ojalá pudiera decir que sí"**

Especialmente cuando te sientes mal por decir no, expresar que desearías poder decir que sí es una manera de reconocer que no es algo que tomas a la ligera. Quisieras ayudar, pero la verdad es que no puedes.

4. **"No"**

No todos los "no" requieren una explicación. A veces un simple "Gracias, pero no" es realmente todo lo que necesitas decir. Especialmente si tienes el hábito de decir que no, seguido de una larga explicación que finalmente se convierte en un sí, trata de decir que no y después *no digas nada más*. "No" es una oración completa.

Cuando hay una situación donde necesitas decir que no, di la verdad y nada más. Cuando sientas miedo, recuerda que todo lo que debes hacer, *literalmente*, es abrir tu boca y dejar que las palabras salgan. Confía en que las cosas saldrán de la manera esperada.

Cuando tu inseguridad habla, no siempre tu "di que sí para quedar bien" resulta ser lo que crees que debes decir para mantener la relación, el trabajo o la posición. A veces no dices nada cuando realmente quieres hablar. Has estado sentada en una reunión con una idea que quieres comentar, pero, en vez de hablar, te callas. Por temor al rechazo, prefieres no hablar para evitar la desaprobación. Estás tan preocupada por lo que la gente podría pensar si no dices exactamente lo correcto, que te callas.

¿Has experimentado una situación como esta alguna vez? Descríbelo a continuación. ¿Por qué decidiste no hablar? ¿Qué desearías haber dicho en esas circunstancias?

Parte de esto es cultural. Históricamente, las mujeres recibían elogios por callar y consentir en todo. Es posible que te hayan dicho que ser mansa y humilde significa guardarte lo que piensas.

Según tu educación religiosa, esta idea puede estar tan arraigada en ti, que no siempre eres consciente de que tal creencia malinterpretada ha afectado tu estilo de comunicación. Tal vez de niña veías que se elogiaban a las mujeres que decían muy poco, que encajaban en un molde de perfección en el que seguían toda regla legalista que se les impusiera. Con frecuencia, el resultado es una vida que parece pulcra y ordenada por fuera, pero por dentro hay una mujer que está sangrando en silencio por el dolor de tener una vida que cumple con todas las expectativas, menos la suya.

Comienza a pensar y hablar diferente sobre ti, y estarás atrayendo a las relaciones saludables y alejando a las disfuncionales.

Cuenta tu historia

Vincularse con otras personas y ganarse la confianza a menudo comienza con buscar intereses comunes. Cuando hablamos con otros y les escuchamos, estamos diseñadas para encontrar puntos en común que nos resulten afines. Ya sea que se trate de haber vivido la misma experiencia o simplemente tener la misma reacción a una experiencia, contar historias es una excelente forma de vincularse. En las relaciones románticas, el relato es la manera que tienen las parejas para unirse en los comienzos de la relación. Los psicólogos explican que es importante seguir contando historias a lo largo de la relación como una forma de fortalecer el vínculo. Las historias son íntimas, de modo que, cuando cuentas tu historia, se produce cierta vulnerabilidad que fortalece aún más el vínculo. Permite que la persona que escucha tu historia te comprenda mejor.

Del mismo modo, las investigaciones muestran que la forma en que cuentas tu historia puede afectar tu felicidad y satisfacción en la vida.[1] Recuerda que el éxito es una armonía de propósito, resiliencia y gozo. La narración de historias, cuando se relatan experiencias del pasado de una manera positiva y beneficiosa, puede tener un impacto positivo tanto en tu salud mental como física.

---

1. Elizabeth Bernstein, "Why Good Storytellers Are Happier in Life and in Love", *The Wall Street Journal*, 4 de julio de 2016, http://www.wsj.com/articles/why-good-storytellers-are-happier-in-life-and-in-love-1467652052.

Piensa en cómo Kym contó la historia de cómo dejó la Facultad de Derecho para empezar de cero y abrirse camino en una carrera completamente nueva. Ella podría haber relatado la historia desde un punto de vista más pesimista, y lamentarse por haber perdido tres años en la búsqueda de un objetivo que resultó no ser su pasión. Hace 12 años que conozco a Kym, y nunca la he oído hablar de su experiencia de manera negativa. La presenta como una experiencia que le permitió descubrir su pasión. Ella pensó que quería seguir la abogacía, pero era infeliz. Hasta que reunió el valor de dejar ir ese sueño que no era auténtico. Todas enfrentamos retos, fracasos y falsos comienzos. La pregunta es: ¿cómo puedes contar la historia de tu vida de una manera que reconozca que la experiencia vivida te ha hecho más sabia o mejor persona?

No puedes ser una mujer poderosa y jugar a la víctima al mismo tiempo. Confiesa tu historia. Cuéntala con sinceridad y convicción. Piensa en tu vida como una novela. Las historias que cuentas forman los capítulos, y nuevos capítulos se desarrollan mientras hablamos. Si no fuera por algunos de los malos capítulos, no habrías llegado a los buenos capítulos. Las novelas son aburridas cuando no hay un imprevisto en la trama, alguna dificultad o alguna clase de moraleja. Pensar premeditadamente cómo contar tu historia significa ver tu vida con la perspectiva de un observador que está alentándote para que ganes, que se compadece cuando caes y que puede reírse en momentos de absoluta ridiculez.

Vamos a detenernos aquí por un momento para que puedas pensar en tu historia. O, más bien, identificar un momento vívido y específico de tu vida que se destaque por alguna razón, ya sea un momento del que te sientas orgullosa o que sea gracioso, un momento difícil o revelador. Indica aquí el principio, la mitad y el final de la historia. ¿Qué te llevó a esa situación? ¿Qué pasó? ¿Cómo respondiste? ¿Cuáles fueron las consecuencias o lecciones aprendidas?

Si deseas profundizar en tu historia, escribe en un diario personal exactamente cómo quieres relatarla en futuras conversaciones, usando los puntos que escribiste en tu diario personal como tu guía.

No puedes ser poderosa y jugar a la víctima al mismo tiempo.

La autenticidad

En el fondo, todas queremos sentirnos aceptadas. Es un anhelo de amor, una necesidad humana básica. Cuando no experimentamos el amor de manera saludable, buscamos sus versiones falsas. Cuando logras comprender realmente que tu Creador te abraza y te acepta tal como eres, tu necesidad de esconder quién eres y el miedo a la desaprobación comienzan a esfumarse. Conocer la verdad del valor que tienes para Dios te da el arrojo de ser tú misma.

¿Te aceptas a ti misma? No solo el rechazo de otras personas influye en lo que decimos y cómo lo decimos, sino también el rechazo a nosotras mismas. Cuando no piensas que eres digna de aprobación y de ser escuchada, saboteas tu propia capacidad de hablar con sinceridad y arrojo en tus relaciones personales y laborales. La verdad es que el dolor del rechazo puede causar que comencemos a vernos a través de la perspectiva de otras personas en lugar de la perspectiva de Dios. Puedes sumarte a la valoración de los demás y abrir un ciclo de desprecio por ti misma que influye en tu manera de comunicarte.

En ese ciclo, puedes elegir relaciones que reafirmen la idea de que no eres digna de aprobación o de buenas oportunidades. Tu estilo de comunicación transmitirá tus inseguridades y estas llamarán la atención de aquellos que prosperan. Así que te preguntarás por qué pareces atraer amistades que no te apoyan o no están contentas con tu éxito. Te sentirás frustrada por las relaciones románticas con los hombres que parecen no valorar tu bondad, tu generosidad y otras de tus bellas cualidades. No obstante, detente a pensar y mira la situación desde una perspectiva distinta, y verás que las relaciones que permites en tu vida simplemente reflejan lo que estás dispuesta a soportar sobre la base de lo que crees que mereces. Cambia lo que opinas de ti misma y transformarás tu interacción con las personas.

La vida y la muerte, literalmente, están en poder de la lengua. Comienza a pensar y hablar diferente sobre ti, y estarás atrayendo a las relaciones saludables y alejando a las disfuncionales.

Ámate a ti misma —y acepta el amor de Dios por ti— y tu necesidad de ser auténtica será aún más fuerte. Las oportunidades que una vez anhelabas porque te traían alabanza te dejarán de importar. Primera de Juan 4:18 afirma: "El perfecto amor echa fuera el temor". El amor de Dios y tu amor por ti misma literalmente echarán fuera tu temor al rechazo y tu adicción a la aprobación y el reconocimiento.

Ser auténtica también puede cambiar tu percepción de lo que significa una "gran" oportunidad. Lo he visto en mi propia vida hace unos años.

Acababa de dejar la oficina después de un día de trabajo. Me senté en el asiento del conductor, me abroché el cinturón de seguridad y saqué mi teléfono. Quería revisar por última vez mi correo electrónico antes de retirarme del estacionamiento. Tres mensajes habían entrado desde mi última revisión, y uno de ellos era un nombre desconocido con una línea de asunto intrigante. Sugería que quienquiera que fuera esa persona, estaba buscando un entrenador personal para un nuevo espectáculo en una de las principales cadenas de televisión.

Ahora bien, para poner esto en contexto, he recibido varias preguntas a través de los años de compañías productoras que lanzan nuevos espectáculos en las cadenas de televisión y que buscan a un anfitrión especializado en entrenamiento personal o psicología. He grabado pruebas piloto. He viajado a Los Ángeles para las reuniones. He sido la anfitriona escogida. Incluso he organizado dos programas de televisión en cadenas de televisión por cable, pero esto era diferente. Era el importante ejecutivo de una cadena que me contactaba por un espectáculo que ya tenía luz verde.

Sin darme cuenta, estaba volando a Nueva York para una entrevista y una prueba de pantalla. Me fue muy bien. Tan bien que solo quedamos otra candidata y yo. Mientras mi abogado y representante negociaba con los ejecutivos de la cadena de televisión en mi nombre, me imaginaba cómo cambiaría mi vida. Esta era la clase de oportunidad que había soñado, y estaba a punto de hacerse realidad… si tan solo pudiera dar un paso más.

¿Alguna vez has estado cerca de la victoria, pero aún no es tuya? No puedes dejar de soñar despierta. En muchas ocasiones, durante ese período, cerré los ojos e imaginé mis planes. Me gustaría tener un apartamento en Nueva York y mantener mi vivienda en Atlanta. En ese momento estaba soltera, así que no tenía compromisos familiares. Pensé en mis amigos de Nueva York con los que pasaría más tiempo. Me imaginé cómo expondría mis libros a muchas personas más. Y estaba admirada de Dios, ¡mira lo que estaba haciendo! Quieres tener fe para creer y al mismo tiempo no entusiasmarte tanto por la posibilidad de perder la oportunidad y sentirte desolada. Así estaba yo, a un paso de mi sueño televisivo. A un paso de una serie diaria diurna donde podría contribuir a ayudar a las mujeres a transformar sus vidas. Esa era la oportunidad que me catapultaría al siguiente nivel. Ese podría ser simplemente el destino divino.

La energía era intensa. La cadena de televisión tenía una imagen específica en mente de quién querían como anfitriona para ese espacio en particular, y yo quería ser la persona que estaban buscando.

El momento de la verdad llegó el día que me senté frente a un grupo de ejecutivos de la cadena y la compañía de producción. No entendí la serie de preguntas que me hicieron al principio, pero, mirando en retrospectiva, me di cuenta de que estaban tratando de averiguar si tenía el trasfondo estereotípico que esperaban de alguien como yo.

Comencé a darme cuenta de ello por algunos de los comentarios que me hicieron durante todo el proceso. Al parecer, no solo buscaban una entrenadora de vida, sino también una mujer de color. No obstante, querían una mujer de color que se ajustara a su idea de cómo debía actuar una mujer de color en la televisión. Por lo tanto, no solo querían credenciales profesionales y un cierto nivel educativo, sino también un estereotipo… y yo no encajaba en ese estereotipo.

Después de otra entrevista y prueba de pantalla tuve la oportunidad de intentar forzar mi sueño a hacerse realidad. Podría haber elegido el camino de la falta de autenticidad, que correspondía al prototipo de la persona que finalmente desempeñaría ese papel.

Decidí no hacerlo. Al final, la otra candidata tomó la misma decisión. A última hora, después de innumerables conversaciones y entrevistas, los ejecutivos eligieron a una candidata completamente nueva que no había sido parte del proceso de meses de duración, pero que se ajustaba a la imagen de quien estaban buscando. Esto es lo que comprendí. Soy quien soy. Si tengo que convertirme en otra persona para tener éxito, entonces no soy yo quien tiene éxito. Es una burda imitación de mí. Y, finalmente, voy a terminar exhausta por fingir ser alguien que no soy para recibir la atención y los elogios de ser el centro de atención. Si tal oportunidad es para mí, seguramente Dios abrirá la puerta destinada exclusivamente para mis dones y mi personalidad. Si no debe ser para mí, ¿por qué la querría a no ser por los elogios y la vanagloria?

¿Cómo puedes contar la historia de tu vida de una manera que reconozca que la experiencia vivida te ha hecho más sabia o mejor persona?

Recuerda esto: *El éxito es una armonía de propósito, resiliencia y gozo.* Si una oportunidad requiere que transmitas una imagen de quién eres que no está en línea con tu propósito, no permite tu capacidad de resiliencia o no te produce gozo, no es la oportunidad correcta para ti.

Cuando recibí la noticia de la cadena de televisión, debería haber quedado desolada. La oportunidad de trabajar en una importante cadena de televisión había generado un torbellino de emociones en mí, pero me sorprendió experimentar una sensación de alivio. Que te examinen, te evalúen y te fuercen a encajar en un prototipo es horrible. ¿Sabes lo que me evoca… y quizás a ti también? Evoca sentimientos de no ser lo suficientemente buena, de tener que hacer algo para ser digna de aprobación y, en esa situación, no podemos vivir en la plenitud que Dios destinó para nuestra vida.

Pensé que quería ese trabajo, pero mi alma no lo quería. Mi alma sabía que tendría que esforzarme demasiado para ser otra persona. Una vez que aceptas eso, ¿cuándo termina? Cada vez te demanda más ser un fraude. Tienes que mantener la mentira. Finalmente, dejarás de ser quien eres. Mantente fiel a quien eres, y cree que se concretará la oportunidad correcta para ti… la que te dé paz.

Pautas para el éxito

- La próxima vez que tengas una oportunidad que parezca pequeña, aprovéchala como si fuera la oportunidad de tu vida. Lo podría llegar a ser.

- Establece un alto nivel de exigencia para ti, tu comportamiento y tu trabajo. Cuando vives a la altura de esas exigencias, inspiras confianza.

- Proponte hacer un cambio considerable, si fuera necesario, a fin de tener relaciones basadas en la confianza y el respeto.

Lo que toda mujer debe saber

- Las relaciones personales son importantes. El éxito no sucede en la soledad.

- Los límites fortalecen las relaciones y establecen las expectativas de lo que es aceptable y lo que no.

Preguntas de reflexión personal

- En un área donde aún tienes que alcanzar un objetivo, ya sea relacional, financiero, profesional o de otro tipo, pregúntate lo siguiente: ¿Cuáles son tus expectativas mínimas personales con respecto a tu comportamiento? ¿Qué quieres que ese nivel de exigencia "hable" de ti?

- ¿Qué oportunidad tienes por delante que parece pequeña? ¿Qué aspecto debería tener para tomarla como si fuera una gran oportunidad?

- Los límites hablan de respeto. ¿Qué límite necesitas establecer en un área donde no has expresado verbalmente tus límites?

Habla diferente

Ponte el objetivo de ser auténtica con la gente y así inspirar confianza. Cuando las personas confían en ti debido a tu alto nivel de exigencia, las puertas de la oportunidad comienzan a abrirse.

Formula preguntas poderosas

Por qué deberías preocuparte menos por encontrar las respuestas correctas y más por encontrar las preguntas correctas.

Formular nuevas preguntas, nuevas posibilidades, ver viejos problemas desde una nueva perspectiva, requiere una imaginación creativa.

ALBERT EINSTEIN

Lecciones clave

- En la escuela, las recompensas provienen de tener las respuestas correctas. En la vida, las mayores recompensas provienen de hacer las preguntas correctas.

- No tienes que sentir valor para tener valor. Abre la boca y di amablemente lo que tienes que decir.

- Escuchar es la clave para saber qué preguntar.

M e senté a su lado en el sofá con mi brillante blusa fucsia y mi lápiz labial que hacía juego. Había pasado 45 minutos peinando mis rizos antes que sonara el timbre para recogerme y dirigirnos a una fiesta de la compañía. Sentí que conocía a sus compañeros de trabajo, porque habíamos conversado bastante sobre ellos, pero nunca les había llegado a conocer en persona. Estaba un poco ansiosa por todo ello, pero me estaba empezando a preguntar cuál sería la finalidad. La chispa que había estado allí un año antes, cuando pensé que, tal vez, este fuera el hombre definitivo… ya no destellaba.

La luz de esa chispa se había extinguido hacía meses por una fuerza que no podía explicar. Él tampoco podía explicarlo, excepto para decir que sentía que era una lucha psicológica interna. Yo fui comprensiva. Le escuché. Le animé, pero él se había alejado cada vez más. Fue la misma conducta que admitió haber tenido en relaciones pasadas. Era evidente que esto no iba a funcionar a largo plazo, pero, al orar, recibí un mensaje distinto del Espíritu Santo que me dijo: No rompas tú la relación. Que lo haga él.

Había transcurrido unos tres meses desde que recibí ese mensaje y mi espíritu estaba cansado. Tenía una visión clara del tipo de relación y matrimonio que Dios quería para mí y, en ese momento, estaba cada vez más escéptica de que la relación particular que teníamos alguna vez evolucionaría.

Así que, mientras estábamos sentados en el sofá y conversábamos sobre algo problemático que había dicho antes ese día, oré en silencio para que Dios me diera las palabras correctas. Miré mi reloj. Tendríamos que irnos pronto. Solo necesitaba la pregunta correcta que nos sacara de ese lugar de bloqueo. Para ser sincera, no quería empezar de nuevo. No me gustan las citas de parejas. Había estado orando específicamente después de sanar de un divorcio: "Señor, si este hombre no es para mí, te ruego que no permitas que dure más de una o dos citas".

Esa oración iba en serio. Prefería estar sola que salir con alguien indefinidamente si no era para casarme. Sabía lo que quería para mi vida: un matrimonio feliz que tuviera un propósito, con un hombre que amara con pasión y que él me amara con pasión, y con quien compartiera una visión común de la vida y una familia propia. Casi con 40 años, no tenía mucho tiempo para desperdiciar después de un año de noviazgo si no iba en esa dirección.

Respiré hondo. Las palabras llegaron. Con un tono amable y genuinamente curioso, me di la vuelta y le miré directo a los ojos: "Si tuvieras el valor de admitirlo, ¿qué harías con nuestra relación?".

Dudó unos dos segundos antes de decir lo más sincero que había oído en meses: "Terminaría la relación y trabajaría con mi propia vida".

Tan pronto como lo dijo, experimenté físicamente lo que me pareció como una liberación en mi espíritu, casi como si fuera una cuerda que se había estirado al máximo hasta que, finalmente, se soltó justo dentro de mi pecho. Fue la sensación más extraña, triste y feliz al mismo tiempo. Mis emociones estaban heridas y perturbadas. Sin embargo, me sentía libre y ligera en mi espíritu. "Bueno, eso lo dice todo, ¿verdad?", dije en voz baja. No había nada más que hablar. Necesitábamos seguir adelante.

No rompí con él. Le hice una pregunta poderosa. No podía haber una historia de cómo yo lo había dejado. Con una respuesta sincera a mi pregunta, él tendría que admitir el fin de la relación. No sé por qué Dios lo quiso así, pero así fue.

Llamé a una de mis mejores amigas y llegó en menos de 15 minutos, irritada, pero con palabras de consuelo. "¡Podría haberlo pensado hace seis meses!", se quejó. Ella tenía razón. No obstante, al menos no fueron seis meses más. Aquella noche, lloré. Oré. Repasé en mi mente conversaciones y todo lo que había ocurrido durante el año anterior hasta que mis párpados no pudieron permanecer abiertos y, sin darme cuenta, me dormí.

Sorprendentemente, cuando desperté a la mañana siguiente, tenía una alegría inexplicable en mi alma. Abrí la Biblia y la leí. Me senté en el suelo de mi sala de estar y me estiré y medité. Me sentía tan ligera, que pensé que podría flotar. No tenía ninguna lógica. Todo lo que puedo decir es que tuve la sensación de que ese era el comienzo de un nuevo capítulo en mi vida.

¿Y sabes qué? Lo fue. Mi espíritu sabía lo que aún no podía ver en lo natural. La visión que había guardado en mi corazón para el matrimonio y la familia estaba a punto de manifestarse, y la pregunta poderosa que había hecho la noche anterior tenía por objeto despejar el camino para que apareciera la relación correcta en mi vida. Necesitaba un poco de tiempo para recuperarme, pero en pocos meses mi marido —el hombre que amo con pasión y que me ama con pasión— llegó a mi vida.

Podría ser fácil pasar por alto el significado de ese momento, de esa pregunta, al considerar mi vida en toda su dimensión. Una parte de mí realmente no quería hacer esa pregunta, porque ya sabía cuál sería la respuesta. Una parte de mí no quería empezar de nuevo, no quería hacer lo posible para que la relación funcionara, solo quería que la relación funcionara por sí sola.

No quería lidiar con las secuelas, tener que reunir más fe para seguir creyendo en algo que cada vez se parecía más a una fantasía que a una visión. Tenía casi 40 años y creía en el matrimonio y la familia. Tal vez, conformarse con una relación mediocre sería mejor que no tener ninguna. Es decir, sería bueno tener a alguien con quien verse y salir en pareja. No era un hombre malo; solo que no era para mí.

Aquí es donde el momento decisivo puede pasar de largo. En los momentos de crisis, cuando sería más fácil permanecer en silencio, fingir que las cosas están bien y dejar que nuestros miedos y dudas gobiernen lo que sale de nuestra boca; aquí es más probable que trastabillemos. Creo que fue la fortaleza que recibí de la oración lo que en ese momento me llevó a abrir la boca y preguntar: "Si tuvieras el valor de admitirlo, ¿qué harías con nuestra relación?".

Podría haberme quedado tan pasiva en esa conversación como lo había estado hasta el momento de la verdad. Entonces, ¿qué habría pasado? Nos habríamos dirigido a la fiesta de la empresa, entre sonrisas y diversión como si nada estuviera mal, y ¿quién sabe cuánto tiempo más hubiera pasado hasta que la relación terminara? De hecho, cuando llegó el hombre que Dios había escogido para mí, yo podría haber estado ocupada perdiendo tiempo con otra persona, pero no fue así. Todo por haber tenido el valor de hacer una pregunta poderosa.

¿Qué aplicación práctica tiene esto en tu vida actualmente? ¿Qué pregunta necesitas hacer? Tal vez sea en una relación. Tal vez sea en el trabajo. Tal vez necesitas claridad sobre un acuerdo financiero. O necesitas tener una conversación con un miembro de la familia.

Primero estudié como periodista y, años más tarde, como entrenadora personal. La esencia de ambas profesiones es la necesidad de hacer preguntas poderosas que puedan llegar a la verdad de un asunto y animar la conversación. En el Coaching and Positive Psychology Institute enseñamos "preguntas poderosas" como una destreza básica para cualquier entrenador personal o ejecutivo. Quiero detenerme por un minuto y decir esto: Hacer preguntas poderosas es una destreza básica para cualquier mujer exitosa. Este es el porqué:

- Formular preguntas poderosas elimina la confusión. Te impide hacer suposiciones o sacar conclusiones incorrectas, lo cual te ahorra mucho tiempo, energía y relaciones equivocadas.

- Formular preguntas poderosas fuerza a otros a admitir sus acciones y te impide seguir asumiendo toda la responsabilidad. Puedes decirles qué hacer o puedes ayudarlos a encontrar la respuesta correcta. La respuesta que descubren por sí mismos generalmente es más poderosa porque ellos son los responsables.

- Formular preguntas poderosas estimula las ideas. Si sientes la presión de tener siempre todas las respuestas y las ideas, hacer preguntas poderosas es una herramienta que puedes emplear para invitar a otros al proceso creativo en lugar de hacerlo sola.

- Formular preguntas poderosas es una manera de establecer límites claros. En lugar de presuponer que los demás conocen tus límites, déjalos claros y pregúntales si están de acuerdo con esos límites. Si no lo están, ese es tu punto de partida para tener una conversación más profunda.

- Formular preguntas poderosas te permite hacer peticiones. Puedes aliviar mucho estrés tan solo con pedir y "delegar" a través de tus preguntas.

- Formular preguntas poderosas es cómo desenterrar tu misión y tu visión. ¿Cómo bendices la vida de alguien cuando se cruza en tu camino? Esa es tu misión. ¿Cómo quieres que sea tu vida en el futuro? Esa es tu visión. Ya sea que estés descubriendo tu propia visión o ayudando a alguien a descubrir la suya, todo comienza con las preguntas que haces.

- Formular preguntas poderosas puede producir grandes cambios. La mayoría de las personas permanecen estancadas porque no se han enfrentado al reto de responder este tipo de preguntas que las impulsarán al siguiente nivel. La pregunta correcta puede cambiar tu vida.

El valor de hacer preguntas poderosas

La verdad es que hacer preguntas poderosas puede ser aterrador. Puede dar lugar a respuestas que no estamos listas para escuchar. Puede ser embarazoso. Puede producir rupturas. Puede hacer que la gente haga cambios importantes, pero esos son los momentos cruciales que marcan la diferencia entre el éxito y la mediocridad.

Si deseas éxito en el siguiente nivel, debes estar dispuesta a hacer preguntas poderosas. Eso significa superar tus miedos. Significa estar dispuesta a pasar por esa situación embarazosa. Significa estar dispuesta a sacrificar tu situación actual en favor de la verdad. Significa actuar con valentía.

Entonces, ¿cómo lo haces? ¿Dónde encuentras el valor y la fortaleza para hacerlo?

Ora

En mi propia experiencia, una de las vías más rápidas para tener el valor de hacerlo fue la oración. Estar tranquila y concentrada, y pedir la fortaleza y el valor de formular una pregunta difícil siempre me ha dado más determinación para hablar. Cuando haces una pregunta poderosa en tus propias fuerzas te puedes sentir paralizada de hablar, recuerda que hay una fuerza mucho mayor que la tuya en acción. Recurre a esa fuerza, y te sorprenderás de las palabras poderosas que saldrán de tu boca.

Planifica

Muchas conversaciones críticas no son espontáneas. Cuando tengas una reunión, una cita, una presentación o una cita para almorzar con una amiga con la que necesites hablar, no improvises. ¿Cuál es el propósito de la conversación? ¿Qué necesitas saber que actualmente no sabes? ¿Cómo puedes estar al servicio de la persona (o personas) que está participando de tal conversación? ¿Qué necesitas que haga o entienda la otra persona? Procura tener claridad antes de empezar la conversación. Señala los problemas y las posibilidades que deseas abordar. De esa manera, disminuirás tu temor porque estás identificando con anticipación los obstáculos que debes tratar.

Confiesa tus miedos

Una de las formas más rápidas de superar el miedo es reconocerlo. Con mucha frecuencia fingimos no sentir miedo y tratamos de ignorarlo, pero eso solo lo hace crecer como un obstáculo.

Confiésalos. Di en voz alta: "Tengo miedo de hacer esta pregunta y no recibir la respuesta que quiero". "Tengo miedo de hacer esta pregunta y quedar como una persona descortés o entrometida". "Tengo miedo de pedir lo que quiero, porque me voy a exponer al rechazo y la falta de dignidad otra vez". "Tengo miedo de hacer la pregunta, porque no creo que quiera responderme. No quiero que se sienta incómodo". Expresa tus miedos con sinceridad. Luego pregúntate: "¿Y si eso sucede? ¿Qué haré entonces?".

Ármate de valor

No tienes que sentir valor para tener valor. La gente más exitosa no necesariamente siente menos miedo. La diferencia es que no se dejan controlar por sus miedos.

¿Cuándo debo recurrir a las preguntas poderosas?

Me gusta interrogar por naturaleza. Soy curiosa y busco saber el propósito de casi todo. Ni siquiera lo pienso. Simplemente, mi cerebro funciona así. Observo cosas y pregunto: "Veamos. Me pregunto por qué…".

A veces esto puede resultar en mi perjuicio, como incluso mi propia madre me lo ha señalado en varias ocasiones. Cuando tenía alrededor de cinco años y vivíamos en Florida, hicimos un viaje a Disney World con amigos y la familia. Me encantaba Mickey y Minnie Mouse y todos los personajes de Disney, y estaba más que emocionada de verlos en persona. A medida que los personajes de Disney se acercaban al lugar donde estábamos viendo el desfile, todos los niños se entusiasmaron y empezaron a saltar llenos de alegría y a gritar: "¡Mamá! ¡Papá! ¡Es Mickey! ¡Mira, es Miiccckkkkey!".

Mi madre bajó la vista y notó que no estaba muy entusiasmada. Tenía los brazos cruzados y parecía enojada.

—Val. ¡Mira! ¡Es Mickey! —dijo, tratando de reunir algo de emoción.

La miré para explicarle el problema, ya que evidentemente no se había dado cuenta de que nos habían engañado.

—¡Ese… no es… Mickey! —le expliqué—. ¡Mira esas piernas! ¡Esas son piernas de una persona! ¡No es Mickey!

No contenta con haber tomado a los personajes en sentido literal, los examiné cuidadosamente y decidí que *Mickey* debía de haberse tomado el día libre y que alguien se había vestido como él para ocupar su lugar. Aquel, según mi madre, fue el día en que se dio cuenta de que mi cuestionamiento de las cosas podía echar a perder mi propia diversión. Ese fue el momento en que supo que era demasiado curiosa para mi bien.

Con todo esto quiero decir que hay ocasiones cuando es posible exagerar tu curiosidad. Por ejemplo, cuando es un momento de diversión para relajarte y disfrutar. Cada tema no tiene por qué ser seguido por una pregunta. Sé genuina, pero ten cuidado de no hacer demasiadas preguntas, especialmente una tras otra. Hacer preguntas poderosas no es lo mismo que hacer un interrogatorio poderoso. Si nuestras preguntas hacen que la persona se sienta acusada, acorralada o invadida de alguna manera, tu conversación le hará más daño que bien.

Formula preguntas poderosas de manera intencional cuando...

- deseas encontrar la solución adecuada a un problema
- deseas ayudar a alguien a enfrentar un reto o una oportunidad
- deseas entender mejor algo o a alguien
- deseas obtener la ayuda de otras personas para alcanzar una meta
- sientes que hay algo más que debes saber

A veces, en el transcurso de la conversación, simplemente sientes curiosidad por algo. Puede que ni siquiera parezca lógico. Tienes un presentimiento, una intuición espiritual acerca de algo. Y, si lo ignoras, es muy probable que te arrepientas.

Vuelve a pensar en una situación problemática en la cual tuviste un "presentimiento" de que algo iba a ocurrir, pero no hiciste caso de lo que sentías en tu espíritu y luego lo lamentaste.

En otras ocasiones puede que seas curiosa, pero no necesariamente espiritual. Puedes tener curiosidad sobre la forma en que una persona hizo una tarea o por qué es tan apasionada con su trabajo y, mediante algunas preguntas, obtienes una información que te abre la puerta a un mundo completamente nuevo. Hacer preguntas poderosas no es una excusa para ser curiosa, sino una invitación a estar genuinamente interesada en los demás y segura de ti misma.

No tienes que sentir valor para tener valor.

¿Cómo sabes qué preguntar?

Al final de este capítulo voy a darte una lista de preguntas poderosas para varias situaciones. Sin embargo, antes de hacerlo, me gustaría animarte a desarrollar tu capacidad para idear preguntas poderosas.

Las preguntas más poderosas tienen ocho características en común:

Muestran curiosidad. Las preguntas más poderosas provienen de un lugar de curiosidad inspirado en el deseo de entender o resolver un problema. La curiosidad se centra en aprender y dar una solución más que en tener la razón o probar que estamos en lo cierto. Por consiguiente, cuando haces una pregunta por curiosidad, es más fácil crear un espacio seguro para que la otra persona o las personas involucradas respondan.

Están centradas en lo más importante. Siempre hay problemas periféricos. Concéntrate en lo que más importa. De lo contrario, la conversación irá por un camino que no abordará el problema central.

Son claras y concisas. Una pregunta poderosa no es una pregunta extensa. No tiene que ser de tres párrafos. Un estudiante promedio de séptimo grado debería entender tu pregunta. Una pregunta breve y dulce es poderosa. He aquí el porqué: cuando una pregunta es larga, las personas interrogadas tienen que recordar el preámbulo que la precedió. Tratar de retener todo el preámbulo de una pregunta se presta a confusión. Además de tratar de no hacer tus preguntas tan extensas que pierdan contundencia, permite que las personas tengan la oportunidad de responder a la pregunta antes de saltar a la siguiente. No hay nada como hacer una pregunta de seguimiento para suavizar el efecto de tu pregunta inicial. Sé clara y concisa.

Son directas. Una pregunta poderosa no da lugar a malentendidos. Es directa. No da vueltas al problema. Esto no significa que seas tajante o descortés. Significa, simplemente, que tu pregunta es veraz y auténtica. Si tu temor central es la desaprobación o el rechazo, esto podría resultarte difícil. Es posible que hayas aprendido a no decir la verdad si es difícil. Usa esto como una oportunidad para practicar tu valor. Sé directa, pero amable.

Son reveladoras para la propia persona. Una pregunta es poderosa cuando revela información, ideas y descubrimientos que, previamente, se han enterrado en el olvido. A veces, lo que todos pueden ver está velado para la persona interrogada, hasta que una pregunta poderosa le abre los ojos.

Cambian tu perspectiva. A veces no es tanto que la pregunta sea reveladora para la propia persona, sino que te revela a la persona. Cosas que tal vez no has comprendido, de repente te quedan claras. Comienzas a conocer a la persona a otro nivel. O tú comienzas a entender el asunto a otro nivel. Tu perspectiva cambia.

Abren la conversación en lugar de cerrarla. En términos generales, las preguntas abiertas son más poderosas que las preguntas cerradas que conducen a respuestas de una sola palabra como "sí", "no" o "bien". El objetivo de una pregunta poderosa es hacer que la conversación tome un rumbo significativo. Puedes hacerlo más rápidamente con preguntas que inviten a una persona a mencionar sus ideas, sentimientos y pensamientos. De modo que: "¿Cuál crees que podría ser el mejor paso a dar?", es mejor que "¿Entonces estás de acuerdo en que el mejor paso debería ser 'tal y tal'?". La segunda pregunta no solo provoca una respuesta afirmativa o negativa, sino que también podría conducir a la persona a dar una respuesta que, de otra manera, no daría. También puede evitar que comente una idea brillante que podría ser incluso mejor que la tuya, una idea que habría comentado si, en cambio, hubieras hecho una pregunta abierta.

Son triviales y neutrales. Esto no significa necesariamente que el asunto sea trivial y neutral. De hecho, cuanto más pesado es el asunto, más importante es hacer la pregunta de una manera trivial y neutral. Mira, no estoy diciendo que debas tomar en chiste o a la ligera un tema grave. Dije que debes *hacer la pregunta de manera trivial y neutral*. Esto requiere de práctica. Una vez que lo hagas, encontrarás que a veces la gente hablará contigo incluso del más difícil de los temas. ¿Por qué? Porque cuando el espacio en el que se habla de un tema es trivial y neutral —sin juicio ni temor—, es el espacio propicio para tratar un tema difícil. Cuanto más miedo rodea un tema, más importante es que haya un espacio seguro donde hablar del tema sin consecuencias negativas. Así que practica tu tono e inflexión de la voz para hacer preguntas poderosas. Practica hablar de manera calmada, mientras mantienes un lenguaje corporal neutro y suave, y un tono de voz que no manifieste tu opinión sobre el tema, todo lo cual puede influir en cómo responde una persona a tu pregunta.

En el entrenamiento personal, las preguntas poderosas son la clave de la capacidad de un entrenador de ser un catalizador para ayudar a otros a salir de su estancamiento, obtener claridad y crear un plan de acción eficaz. Habrá momentos cuando aprender a "entrenar" a otros puede contribuir en gran medida a su propio éxito. Las habilidades como entrenadora personal son fundamentales para que puedas ayudar a otras personas a salir de donde están y caminar hacia su destino. Por lo tanto, cualquier mujer que tiene dichas habilidades aporta valor a una conversación.

No obstante, ten cuidado. Las personas no siempre quieren ser entrenadas. No siempre están buscando que las ayudes a encontrar una respuesta. Francamente, algunas personas no están listas para cambiar. Ninguna cantidad de preguntas poderosas obligará a alguien a hacer cambios que no quiere hacer.

No solo se trata de hablar diferente por medio de preguntas poderosas, para formular preguntas poderosas debes escuchar activamente: con tu mente, cuerpo y espíritu.

Escucha con tu mente, cuerpo y espíritu

Es imposible formular preguntas poderosas sin ser una oyente genuina.

Al principio de mi carrera de entrenadora, me enseñaron la importancia de eliminar todas las distracciones antes de una llamada de entrenamiento personal. De modo que me preparé para responder a una llamada del cliente, tenía una lista de control mental de las distracciones para eliminar: Apagar la computadora. Listo. Cerrar la puerta. Listo. Tener mi escritorio en orden. Listo. Tomarme un momento para cerrar los ojos, respirar, orar y aquietar mi mente. Listo.

Sin embargo, a medida que adquirí más eficiencia en las sesiones de entrenamiento, me di cuenta de que empecé a descuidarme. Pensé que no necesitaba seguir las reglas con precisión y mi lista de control comenzó a desaparecer. Es decir, hasta un día en que me encontré en una situación poco común: sin saber qué preguntarle a un cliente. Eso nunca me había pasado, no desde mi práctica inicial cuando estaba nerviosa por encontrar la pregunta perfecta para cada paso de una conversación de entrenamiento. ¿Qué había salido mal?

Por más vergonzoso que sea admitirlo, no estaba escuchando con todos mis sentidos. Es decir, escuché todo lo que el cliente había dicho, pero también oí la notificación de un correo electrónico en mi computadora, la computadora que debería haber estado apagada. Cometí el error de echar un vistazo al mensaje y pude ver que era de alguien que debía darme noticias de una transacción importante. Apagué la computadora de inmediato, pero ahora tenía curiosidad por saber lo que decía el correo electrónico. Miré el reloj. Faltaban 25 minutos para que pudiera averiguarlo. Entonces me entró un mensaje de texto a mi teléfono. Una vez más, mi curiosidad se despertó. Solo una mirada no haría daño, ¿verdad? Una amiga me estaba enviando una pregunta sobre los planes de la cena.

¡Estas cosas ocurrieron en el transcurso de solo dos minutos e interrumpieron por completo mi concentración! Por el bien de la plática, salí de mi oficina y me fui al patio trasero, donde podía disfrutar de la belleza del sol y escuchar sin interrupciones. De repente, mi "curiosidad dividida" había desaparecido. La curiosidad dividida ocurre cuando deberíamos estar curiosas por la situación y la persona que estamos atendiendo, pero las interrupciones nos roban esa curiosidad y tratan de redirigir nuestra atención hacia otra parte. Es sintomático de no escuchar. Es una batalla dentro de tu mente por captar tu atención.

Cuando la mayoría de nosotras pensamos en escuchar, lo primero que pensamos es en oír lo que alguien dijo. Sin embargo, para escuchar atentamente necesitamos oír, procesar y tener curiosidad sobre lo que se ha dicho e incluso lo que no se ha dicho. Cuando escuchamos con todos nuestros sentidos, notamos los matices de cómo una persona dijo algo. ¿Estaba tranquila? ¿Estaba hablando de manera acelerada y ansiosa? ¿Estaba vacilante? Las respuestas a esas preguntas revelan mucha información.

Ten curiosidad por mucho más que el significado de las palabras. Cuando escuchamos atentamente, también notamos el volumen y el tono de la voz, la calidez y la credibilidad. En otras palabras, estar atentas es oír, ver y sentir lo que se dice. Es notar lo que no se dijo y que esperabas que se dijera, y tener curiosidad por ello. Ya sea en una negociación o una charla con una amiga, escucha atentamente.

> *Es imposible formular preguntas poderosas*
> *sin ser una oyente genuina.*

Hay una segunda herramienta para usar a la hora de escuchar, que te permitirá hacer preguntas poderosas: tu cuerpo. Nuestra mente y nuestras emociones afectan nuestro estado fisiológico. Una de las razones por las que usamos la frase "Haz lo que te dicte el corazón" es porque literalmente puedes sentirte bien y mal en tu corazón. Al igual que las "mariposas" en el estómago que causa la emoción y el malestar estomacal provocado por el nerviosismo, todas son respuestas fisiológicas a la información que hay en tu entorno. Cuando escuchas a otras personas, tu cuerpo escucha lo que se dice y responde a ello. Si sientes opresión en los hombros por una situación que te está causando estrés o una ráfaga de energía que aumenta tu confianza, presta atención a cómo te sientes físicamente durante la conversación. A veces puede revelarte palabras y situaciones que despierten tu curiosidad.

Además de escuchar con tu mente y tu cuerpo, el tercer componente a la hora de escuchar proviene del espíritu. Esos estímulos divinos que sientes cuando estás en absoluto silencio para escuchar son el medio que el Espíritu Santo usa para comunicarte lo que, de lo contrario, no podrías saber por pura lógica. A veces es una confirmación. Otras veces es una advertencia. Presta atención.

No solo es importante escuchar con tu espíritu, sino también orar y meditar como un recurso para saber qué decir y cuándo decirlo. No te apoyes totalmente en tu comprensión personal de cada asunto. Busca respuestas y guía a través de la oración. Algunas de tus preguntas más poderosas vendrán de esta manera.

Preguntas poderosas

Hay muchas situaciones en las que formular preguntas poderosas te dará más éxito: más propósito, resiliencia y gozo. Aquí hay algunas situaciones para considerar, situaciones en las que necesitas emplear preguntas poderosas.

Cuando alguien solo quiere quejarse y hablar de lo que no quiere y no le gusta:

Me doy cuenta de que hay algo que no quieres. Dime, ¿qué es?

¿Qué quieres que suceda después?

Cuando alguien anda con rodeos y tú quisieras que sea directo contigo:

¿Qué estás queriendo decir?

Cuando tienes la oportunidad de preguntarle cualquier cosa a una mentora o a alguien que "ya vivió" lo que tú estás viviendo:

¿Qué desearías haber sabido entonces que ahora sabes?

Cuando alguien está lleno de temor y todo el tiempo se hace "preguntas hipotéticas" que lo mantienen paralizado:

¿Qué temes que pase? ¿Y si eso sucede? ¿Cómo lo superarías?

Cuando quieres aprender algo interesante sobre una amiga o un miembro de la familia:

¿Cuál fue tu momento de más orgullo? ¿Qué aprendiste de esa experiencia?

¿Cuál es tu experiencia de vida favorita hasta ahora? ¿Por qué es tu favorita?

Cuando quieres animar a alguien:

¿Cuál ha sido tu mejor momento en lo que va de esta semana?

Cuando quieras motivar a alguien a alcanzar su potencial:

Si pensaras en diez años atrás, ¿qué desearías haber hecho?

Cuando estás en una relación que parece estancada:

¿Qué te dice tu instinto sobre esta relación en este momento?

Cuando alguien está perdiendo el tiempo flagelándose a sí mismo:

Si tuvieras un amigo que hablara contigo de la misma manera como tú te tratas, ¿cuánto tiempo mantendrías esa amistad?

Cuando quieras saber qué más deberías hacer en tu matrimonio:

¿Qué es lo que más te gusta de lo que hago por ti? ¿Qué te hace sentir más amado?

Cuando estás considerando tomar más responsabilidades para poder ganar más dinero:

¿Qué te dará ganar más dinero que ahora no tienes?

Cuando empiezas una reunión de equipo en el trabajo o una reunión familiar en casa:

¿Qué "victoria" has tenido desde la última reunión?

Cuando termina una reunión de equipo en el trabajo o una reunión familiar en casa:

¿Qué actividad es la que más esperas esta semana? ¿Por qué?

Pautas para el éxito

- Sé curiosa. Formula la pregunta que sientes en tu espíritu sobre algo que quizás no parezca relevante, pero que de alguna manera te sientes impulsada a preguntar.

- Cuando formules una pregunta, deja de hablar. Dale a la otra persona el espacio para contestar. Escucha realmente lo que está diciendo.

- Descubre un problema por medio de preguntas que te ayuden a entenderlo mejor. Solo entonces podrás llegar a la solución o la respuesta correcta.

Lo que toda mujer debe saber

- Una pregunta poderosa puede cambiar la dirección de tu vida, tus relaciones personales y tu carrera.

- Lo que hace a una pregunta "poderosa" es su capacidad de ir a la raíz de un problema y tener una conversación auténtica.

- Saber formular la pregunta correcta a menudo es resultado de escuchar más, no de hablar más.

Preguntas de reflexión personal

- Piensa en la situación más apremiante que enfrentas en este momento. ¿Cuál es la pregunta más poderosa que necesitas responder?

- En lugar de tratar de solucionar el problema que enfrentas en este momento, haz una lista de preguntas poderosas que sería prudente hacerte sobre la situación.

- Necesitas valor para hacerte preguntas poderosas. Sin embargo, si eres valiente, te conducirá al verdadero éxito, ese lugar de mayor propósito, resiliencia y gozo. Para superar tus miedos, pregúntate: "¿Qué temo que suceda si me hago la pregunta que tengo miedo de preguntarme? ¿Qué pasa si aquello que temo realmente sucede? ¿Qué haría entonces? Hacerte "preguntas hipotéticas" es una excelente herramienta para reconocer que, llegado el caso, serás capaz de manejar la situación. La mayoría de las veces, nuestras "preguntas hipotéticas" jamás suceden. A menudo ni siquiera son racionales. Responde tus "preguntas hipotéticas" y luego sigue adelante con valor.

Habla diferente

Aborda cada conversación abierta al aprendizaje y el crecimiento. Las personas más exitosas tienen curiosidad. Reconoce que si formulas preguntas poderosas, obtendrás las respuestas que te guiarán en el camino correcto.

HÁBITO SEIS

Pide lo que quieres

Cuando te subestimas, estás socavando tus metas.

Si no pides, la respuesta siempre es no.
NORA ROBERTS

Lecciones clave

- La infame brecha salarial se debe, en parte, a que las mujeres no negocian salarios más altos.
- Pedir lo que te mereces solo surte efecto cuando percibes con precisión lo que vales.
- Usa las respuestas inmediatas e involuntarias en beneficio propio.

Una antigua conocida, Daniela, llamó un día para pedir consejo sobre cómo lograr mejores oportunidades al hablar con las corporaciones. Específicamente, necesitaba responder a la solicitud de una empresa que le ofreció la posibilidad de tener mucho más trabajo en el futuro, y ella quería hacer todo lo posible para asegurarse ese trabajo.

"He tenido algunas oportunidades con grandes compañías, pero no tanto como me gustaría —explicó—. Un par de veces, en realidad, he tenido la sensación de que mis honorarios los asusta. Me pregunto cuánto necesitaría bajarlo para conseguir más trabajo".

Intrigada por lo mucho que debe de estar pidiendo para asustar a compañías que integran la lista de las 500 compañías principales, según la revista *Fortune*, decidí indagar un poco más en ese tema personal y pedir detalles específicos. "¿Cuánto estás cobrando?", le pregunté.

Me dijo la cifra, en un tono de voz como si me pidiera disculpas. No hay duda de que esa cantidad era más de lo que muchas personas ganan en un día. Sin embargo, por el trabajo que hacía, era una tarifa módica, aunque ella se expresaba como si fuera demasiado. "Y eso es solo por una hora de trabajo —continuó con voz preocupada—. Una colega me sugirió que cobrara esa tarifa, y eso es lo que he estado cobrando".

Me detuve un momento a buscar las palabras correctas para mi respuesta. Quería confirmar su sospecha. Mi conjetura era esta: estaba *asustando* a las grandes compañías, pero no por la razón que ella imaginaba. Con su experiencia y sus antecedentes —había hecho algunos trabajos de alto perfil en su carrera— su problema no era que estuviera cobrando demasiado, sino que estaba cobrando muy poco. Así socavaba su credibilidad. Las compañías esperaban que alguien de su calibre cobrara más. Como no cobraba tanto, se preguntaban si era tan buena como pensaban.

—Deberías cobrar tres veces más —dije enfáticamente.

Ella se quedó en silencio.

—Dentro de un par de años, y con mayor perfeccionamiento, podrías cuadruplicar o quintuplicar tu tarifa —le confirmé.

—¿Qué? —preguntó ella, perpleja.

—Creo que tu problema es que te has tasado demasiado bajo por tu experiencia y tus antecedentes. Tienes mucho que aportar, y tú eres lo que ellos están buscando. Créeme, hay muchas personas con menos para ofrecer a quienes han pagado más.

—¿De veras? —preguntó ella, con voz tímida, pero intrigada—, pero ¿cómo les pido esa cifra? ¿Y si se resisten?

—No lo harán —dije—. Si no tienen presupuesto para pagar esa cifra, te lo dirán y te preguntarán si puedes hacerlo por menos. Si puedes, tienes la opción de aceptar, pero seguirá siendo más que la cifra original que me diste.

Asustada, pero con valor, respondió al cliente potencial y le pidió la tarifa más alta que jamás había pedido. Ellos ni se inmutaron, y ella estaba asombrada.

A partir de ese momento comenzó a pedir honorarios más altos. Sus ingresos se duplicaron en un año. Un par de años más tarde, dijo que había tenido más oportunidades que nunca con algunas de las grandes compañías con las que siempre había soñado trabajar. La mayor sorpresa para ella fue que ya no "asustaba a las compañías" con los honorarios que cobraba.

Clic, bzzz

Lo que pasó con mi conocida Daniela es muy probable que sea el resultado de algo que Robert Cialdini, profesor de la Universidad Estatal de Arizona, autor del clásico superventas *Influencia: Ciencia y práctica*, describe como la respuesta *clic, bzzz*. El nombre formal es "patrones de acción fija", y se refiere a reacciones automáticas que se producen en respuesta a ciertos estímulos.

En el reino animal, los investigadores han descubierto ciertas conductas que ocurren casi siempre en el mismo orden y patrón. Desde rituales de apareamiento hasta instintos maternales y comportamientos de combate, ciertos animales responden de la misma forma cada vez que aparece un factor desencadenante en particular. Es como si los patrones estuvieran grabados en una "cinta" mental, que se reproduce en la mente del animal. El "clic" es una situación que requiere un comportamiento particular, como en la defensa del territorio. Con el clic, la cinta se activa, y luego con el "zumbido" (*bzzz*), se inicia una secuencia de comportamientos predecibles.

A principios del siglo xx, un nuevo campo llamado etología —el estudio del comportamiento de los animales en su entorno natural— dio entendimiento a este fenómeno de respuestas de comportamiento automático. Uno de los estudios más famosos se conoció como la "respuesta pavloniana".

El fisiólogo ruso, Ivan Pávlov, comenzó una serie de experimentos después de notar que, cuando estaba por darle a un perro su ración de carne, este empezaba a salivar aun *antes* de recibir la comida. La salivación, desde luego, se produce para ayudar a la digestión; motivo por el cual era curioso que la saliva se produjera a pesar de no tener aún comida para digerir. La mera anticipación de los alimentos provocaba una respuesta automática en el perro. A modo experimental, Pávlov comenzó a hacer sonar una campana antes de llevarle su ración de carne al perro. Al hacerlo, el perro asoció el sonido de la campana con la comida. Después de hacer esto unas cuantas veces, se dio cuenta de que el perro salivaba al oír la campana, aun en ausencia de comida. La campana se convirtió en el factor desencadenante.

Este tipo de condicionamiento clásico puede verse en todo el reino animal.

Los científicos comenzaron a preguntarse si las respuestas *clic, bzzz* eran específicas de los animales o, si nosotros, como seres humanos, también tenemos respuestas *clic, bzzz*. Resulta ser que sí. Aunque no siempre respondemos de manera automática, en muchas, muchas situaciones lo hacemos. (¿Crees que no tienes este tipo de respuestas? Piensa en lo que haces cuando alguien te extiende la mano para saludarte o cuando sientes el teléfono vibrar en tu bolsillo, o cuando escuchas a un bebé llorar).

Creo que tal fue el caso de mi conocida, que me pidió consejos sobre sus aspiraciones de trabajar con las grandes corporaciones. ¿Cuál fue la respuesta *clic, bzzz* en esa situación? Las empresas que buscan contratar a alguien de su calibre esperan pagar cierta cantidad en honorarios por sus servicios. El honorario es una confirmación en su mente del valor que esperan recibir. Esto no quiere decir que dicha confirmación sea exacta, sino que hay una tendencia automática a creer que si un producto o servicio cuesta más, debe ser mejor. Todas conocemos el dicho: "Lo barato cuesta caro". Pues bien, si no tienen que pagar mucho, aunque el valor del servicio exceda al de alguien que cobra aún más, la percepción puede ser: "No debe ser tan buena; de lo contrario, cobraría más".

La persona que toma una decisión sobre las contrataciones en una compañía es un ser humano, no una entidad corporativa. La reputación de esa persona está en juego. Si a la persona contratada le va bien, el que tomó la decisión de contratarla será el héroe. "¡Vaya! Es impresionante. ¿Cómo la encontraste?", será el comentario positivo que recibirá; pero si la persona contratada no está a la altura, el que la contrató será para todos el que hizo una mala elección. Además de todos los comentarios negativos, parecerá haber ignorado una pista obvia en el proceso: "¿Solo cobra eso? Debiste haberte dado cuenta".

Cuando Daniela empezó a cobrar más, los encargados de tomar la decisión se vieron influenciados por la suma de honorarios que solicitó. Ella desencadenó una respuesta *clic, bzzz*.

Toma la iniciativa

Mercedes acababa de recibir la oferta de su primer empleo fuera de la universidad. La compañía tenía una gran reputación, el trabajo parecía ser exigente, pero emocionante, y la posición ofrecía una gran oportunidad de crecimiento. Este sería un lugar excelente para iniciar su carrera.

¿El único problema? El salario inicial era menor de lo que esperaba. Mercedes estaba nerviosa. Sabía que debía hablar, pero no quería parecer tan ingrata o demasiado agresiva, dos preocupaciones que tienden a ser más frecuentes entre las mujeres que entre los hombres. Con un nudo en el estómago y un tono de culpa en su voz, reunió valor para hablar cuando llegó el momento de comunicarse con el director de Recursos Humanos en respuesta a la oferta.

"Bueno… —dijo ella, casi a modo de disculpa—, realmente esperaba un salario inicial de 60.000 dólares (anuales)". Después no dijo nada más y permitió que la pausa silenciosa durara lo suficiente para que el director de recursos humanos pensara en ello y formulara una respuesta.

Según la investigadora y profesora de la Universidad Carnegie Mellon, Linda Babcock, autora de *Las mujeres no se atreven a pedir*, los hombres son cuatro veces más propensos que las mujeres a negociar, y las mujeres son "mucho más pesimistas acerca de cuánto pueden pedir en la negociación". Por consiguiente, tendemos a pedir menos y, en promedio, obtenemos un 30% menos que los hombres a la hora de negociar. De modo que, en lo que se refiere a los ingresos, solemos comenzar con salarios más bajos y luego seguimos la tendencia de evitar las negociaciones a lo largo de nuestra carrera. Con el tiempo, la suma es considerable. "Al no negociar un primer salario, una persona habrá perdido más de 500.000 dólares cuando tenga 60 años", explica el Dr. Babcock. Algunos estudios dicen que las pérdidas acumuladas de por vida son el doble de esa cantidad, cerca de un millón de dólares.

Mercedes se esforzó por hablar y pedir a pesar de que eso la incomodaba. Ella conocía la verdad de Lucas 10:7: "el obrero es digno de su salario". Con el estómago hecho un nudo habló nerviosamente y pidió lo que quería. Y, ¿sabes qué? Lo consiguió. El salario inicial de Lorena era 32% más alto que el salario inicial promedio de las principales empresas al nivel nacional durante su año de graduación. Si los premios durante su primer año sirven de algún indicio, efectivamente ganó premios. Su carrera está teniendo un comienzo extraordinario, en gran parte porque apuntó alto.

Si ya eres una buena negociadora, tal vez este tema será un recordatorio para ti. Sin embargo, si eres como la mayoría de las mujeres, que nunca pide más, que se encogen de miedo ante la idea misma de negociar un mejor trato, esto es para ti.

- "Esperaba xx. ¿Cuán cerca puedes llegar a esa cantidad?".

- "Me gustaría llegar a un acuerdo en el que ambos estemos conformes, pero por ahora esto no me conviene. Esto es lo que me podría servir: (Describe lo que quieres, ya sea un salario más alto, más tiempo de vacaciones o un nuevo arreglo de trabajo desde casa). ¿Podemos hacer eso?".

- "¿Qué necesitarías para darme _____?".

Una vez que hayas hecho tu petición, deja de hablar. No digas nada más. Cuando una conversación es incómoda, puede ser tentador hacer "preguntas de más". Ahí es cuando haces una pregunta e inmediatamente haces otra sin dar a la persona la ocasión de contestar. A veces lo hacemos porque queremos reformular una pregunta que hemos hecho. En otras ocasiones, lo hacemos porque estamos ansiosas o incómodas con la osadía de la pregunta que acabamos de formular y tenemos miedo de la respuesta que podamos recibir. Así que hacemos otra pregunta inmediatamente para suavizar el efecto de la pregunta osada. Resiste esa tentación. Cuando haces una pregunta osada, a menudo la persona necesita un poco más de tiempo para responder. Dale tiempo. Deja que las mariposas revoloteen. Respira. Toma la decisión de esperar.

¿No te atreves a negociar porque piensas que no estás lista, aunque tus compañeras de trabajo o amigas te describirían como una persona preparada? ¿Evitas la negociación porque te hace sentir incómoda? ¿Sufres en las reuniones ante la idea de hacer o no una sugerencia por miedo a que la rechacen?

Las periodistas Claire Shipman y Katty Kay lo dicen en un artículo de 2014 para *The Atlantic*: "Las mujeres están atravesando una crisis particular: hay una enorme brecha de confianza que separa a los sexos. En comparación con los hombres, las mujeres no se consideran preparadas para una promoción, predicen que les irá peor en los exámenes y, por lo general, subestiman su capacidad. Esta disparidad se deriva de factores que van desde la crianza a la biología".[1]

Toma la decisión de hablar más. Toma la decisión de *intentarlo*.

---

1. Katty Kay y Claire Shipman, "The Confidence Gap", *The Atlantic*, mayo de 2014, http://www.theatlantic.com/magazine/archive/2014/05/the-confidence-gap/359815/.

Decide que está bien expresarte torpemente, mientras lo digas. Aní-mate a que te vean y te escuchen, no porque seas perfecta, sino porque probablemente eres mejor de lo que crees que eres. Atreverte a hablar te colocará en un lugar donde te consideren para ofrecerte una oportunidad, ya sea personal o profesional.

Pautas para el éxito

- Ten claridad sobre lo que quieres. Luego abre la boca y pídelo.

- Acepta que tal vez no consigas lo que quieres. Un "no" da claridad. Da dirección. También puede abrir la conversación y derivar en un "sí".

- Cuando pidas lo que quieres, no permitas que tu energía nerviosa te lleve a disculparte por pedir o a retractarte de tu solicitud original.

Lo que toda mujer debe saber

- Cuando te subestimas, es más probable que esperes menos de los demás y, por lo tanto, pidas menos. Pedir lo que te mereces solo surte efecto cuando percibes con precisión lo que vales.

- La gente usa las señales que das para determinar rápidamente información clave sobre ti. Usa esto en tu beneficio. Sé intencional con respecto a lo que comunicas a través de tus acciones, tu apariencia y tus palabras.

- Los límites son tus decisiones personales sobre lo que está bien y lo que no lo está.

Preguntas de reflexión personal

- ¿Qué quisieras que has tenido miedo de pedir? Escribe un guion sobre lo que quieres decir exactamente y a quién, y determina el momento de pedir lo que quieres. Coméntale a alguien tu plan y ríndele cuentas a esa persona sobre el desarrollo de tu plan.

- Considera tus relaciones, tu trabajo y tus finanzas. ¿De qué manera has subestimado lo que vales? ¿Qué cambios deberías hacer para reflejar más exactamente lo que vales y lo que te mereces?

- ¿Cómo te sientes cuando te dicen "no" a una petición que es importante para ti? ¿De qué manera(s) has permitido que el rechazo de tu pasado te impida pedir lo que quieres hoy? ¿Qué estás dispuesta a hacer diferente en el futuro?

Habla diferente

Las mujeres más exitosas no tienen miedo. Son valientes. Una de las señales más poderosas de tu valentía es tu capacidad de pedir lo que quieres.

Debes saber qué no decir

*Tus palabras son como monedas; ten
cuidado cómo las gastas.*

Aun el necio, cuando calla, es contado por sabio;
el que cierra sus labios es entendido.
PROVERBIOS 17:28

Lecciones clave

- No te quejes si no estás dispuesta a confrontar.
- No se pueden borrar las palabras dichas de manera imprudente o enojada.
- Corres un gran riesgo personal y profesional cuando envías una comunicación electrónica demasiado emocional o sensible.

Para enseñar una lección, el sacerdote del siglo xvi, Felipe Neri, asignó una penitencia a una mujer que había estado difundiendo chismes. Le dijo que fuera a la parte superior del campanario de la iglesia con un saco de plumas, lo abriera y soltara las plumas al viento. Ella lo hizo y volvió a ver al párroco, no segura de la lección de aquella penitencia, pero él tenía una segunda asignación en mente. "Ahora —explicó después—, ve por las calles y los campos y junta todas las plumas que se esparcieron por toda la ciudad". Aquella, por supuesto, era una tarea que nunca podría cumplir en su totalidad.

Esta es la lección. Tus palabras, una vez dichas, no pueden desdecirse. Ya sea que se trate de un chisme sobre una compañera de trabajo o una amiga, palabras expresadas en un momento de ira o un secreto que no te correspondía revelar, una vez soltados al aire no se pueden recuperar.

Te podrían perdonar por haberlo dicho, pero las palabras pueden cambiar la dinámica de las relaciones o incluso crear una carga emocional injusta para las personas que las han escuchado.

Considera a las hermanas Liza y Valeria. Liza estaba a punto de dejar a su marido con el que había estado casada hacía siete años. Ya había tolerado bastante. Y esta vez, tenía una sensación de coraje y urgencia que jamás había sentido en años pasados cuando su marido había empezado a manifestar problemas de conducta. Liza siempre se quejaba de que él había "pasado la línea", probablemente lo habría dicho 50 veces a lo largo de los años. Sin embargo, nadie estaba muy seguro de por qué Liza decía eso, porque nunca había consecuencias graves. La única consecuencia que él sufría parecía ser la crítica y los gritos de Liza.

No obstante, esta vez él había entrado secretamente en las cuentas de ahorro universitarias que tenían reservadas para sus hijos y había usado el dinero para comerciar con acciones del mercado de valores, que había pensado que se dispararían rápidamente. Estaba tratando de recuperar el dinero que había perdido con la misma negligencia cometida al poner en riesgo los ahorros para su jubilación. En lugar de dispararse, las acciones se hundieron y ahora las cuentas de sus hijos habían perdido el 80% de su valor.

"Ni siquiera me lo comentó —le dijo Liza por teléfono a su hermana Valeria entre llantos—. Lo descubrí cuando intercepté la correspondencia y abrí el estado bancario. ¡Pensé que debía ser un error cuando vi el balance! ¿Cómo puedo seguir viviendo así? Me miente. Despilfarra el dinero. Es como vivir con un niño mimado que está acostumbrado a que alguien solucione sus errores todo el tiempo. Y no muestra un verdadero remordimiento. Cuanto más me esfuerzo en tratar de compensar su imprudencia, más nos hunde. ¿Sabes que mamá y papá nos han prestado dinero para pagar la deuda de la última vez que nos metió en problemas como este? ¡Ni siquiera hemos terminado de devolverles el dinero y ahora esto! Siento que se está aprovechando de mi bondad".

Valeria no estaba enterada de nada, y tampoco dijo nada, pero por dentro sintió un atisbo de resentimiento. *¿Mamá y papá te ayudaron a ti y a tu marido?* —pensó—. *Tienes un hogar sólido con dos ingresos y estás pidiendo dinero prestado a nuestros padres jubilados. Yo tengo un ingreso promedio y no les pido nada.* Valeria no podía creer lo que oía, pero no se atrevía a decir nada. *Deja de criticarla* —se reprendió—. *El matrimonio de tu hermana tiene problemas. Deja de pensar en ti misma.*

—¿Has hablado de tus preocupaciones con él? —preguntó Valeria.

—Solo se pone a la defensiva y dice que soy insegura —respondió Liza.

Valeria había escuchado las frustraciones de su hermana antes, pero esta vez notó algo diferente en su voz. Estaba determinada a cambiar la situación. Esa actitud era nueva, y Valeria intuyó que debía ofrecerse a apoyar a su hermana. "Detesto ver a mi hermanita tan desdichada. Estoy muy enojada con él por lo que te está haciendo. No es justo para ti, y vas a tener que ponerte firme. ¿Cómo puedo ayudarte, Liza?".

Después de algunos consejos y mucha oración, unas semanas más tarde Liza le dijo a su hermana que quería separarse y le preguntó si podía quedarse en su casa unos meses hasta que supiera qué hacer con su vida. Valeria acondicionó la habitación de visitas para que su hermana se sintiera como en casa durante lo que podría ser una difícil transición.

El marido de Liza pensó que ella no hablaba en serio cuando le dijo que se iba. Incluso la ignoró mientras empacaba sus cosas. Luego, el día cuando Valeria y otros miembros de la familia aparecieron con una furgoneta de mudanzas, se dio cuenta de que sí estaba hablando en serio y cambió radicalmente su postura. Le rogó que no se fuera. Le prometió cambiar. La convenció de que se quedara. Y así fue. Él empezó a ayudar en la casa y a ser superdulce.

Liza estaba contentísima por los cambios que veía en él. Valeria no se sentía tan esperanzada. Creía que sería de corta duración y estaba muy preocupada por su hermana.

Mientras Liza se apresuró a perdonar y a tener esperanza de un cambio, Valeria tuvo un instinto protector hacia su hermana. Sentía que su cuñado estaba siendo manipulador para evitar que Liza se fuera, y dudaba de que tuviera una verdadera intención de cambio.

El problema es que Valeria fue absorbida por el asunto cuando su hermana decidió contarle con gran detalle el comportamiento de su marido. Valeria ahora lucha para no recordar. Liza puede hacer todo lo posible para recoger todas las plumas que soltó, pero nunca podrá recogerlas todas. Varios años han pasado. Por desgracia, Liza y su marido permanecen casados. Liza sigue lidiando con los mismos problemas y, por mucho que Valeria quiera ayudarla, ella se ha puesto firme a la hora de hablar del matrimonio de su hermana.

"Le dije que no quiero oír más detalles y quejas a menos que esté en algún tipo de peligro o que quiera tomar alguna medida. Me enoja demasiado ese drama, y parece que me preocupo más por ella que ella misma", explicó Valeria.

Saber de qué hablar y con quién es decisivo para tener relaciones saludables. Considera el daño que puedes causar cuando das a conocer información que cargará emocionalmente a la gente que te escucha. No obstante, luego tú dejas la emoción de la situación a un lado, mientras que la persona que escuchó los detalles debe hacer frente al efecto de las palabras que has hablado.

Lo negativo es más poderoso que lo positivo

Investigaciones en el área de la emoción positiva realizada en la Universidad de Carolina del Norte, a cargo de la renombrada investigadora y doctora Barbara Frederickson, muestran que lo negativo es más poderoso que lo positivo. Así que considera qué efecto causas en tus relaciones. Cuando tú insistes en lo negativo, usas un lenguaje corporal negativo y señalas todo lo que sientes que alguien hace mal sin notar y reconocer lo que él o ella hace bien; creas un déficit de emoción positiva en tus interacciones dentro de esa relación. Como resultado, ese déficit puede dificultar la comunicación.

Digamos que tú tienes una experiencia negativa con alguien y empiezas a comentar esa experiencia con otras personas. Luego tu relación mejora. Tienes algunas experiencias positivas y pronto tu opinión cambia junto con la relación. Hay mucho que deshacer para la persona receptora de tus descripciones negativas. Hay mucho que deshacer para la persona que mantuvo esa conversación contigo. En algunos casos, la importancia de las palabras negativas podría ser demasiado pesada de superar. Cuando eso sucede, las palabras dichas sin visión de futuro pueden terminar por debilitar relaciones a largo plazo.

Las mujeres más exitosas comprenden muy bien lo poderosas que son las palabras. Entienden que sus palabras pueden cambiar todo el curso de una familia, una carrera o una amistad. Por lo tanto, cuidan sus palabras, especialmente en discusiones serias. Piensan en las consecuencias de sus palabras antes de pronunciarlas, y entienden que, en muchos casos, el silencio es mejor que una respuesta precipitada. "Aun el necio, cuando calla, es contado por sabio", promete Proverbios 17:28. Las mujeres exitosas lo saben, y no sienten la presión de dar una opinión cuando no tienen suficiente información para tener una opinión centrada.

Qué decir y qué no decir

Entonces, ¿cómo sabes qué decir y qué no decir? ¿Deberías callar todo, incluso cuando realmente necesitas hablar de algunas cosas y tener una persona de confianza que te ayude a tomar una decisión importante? Considera estas pautas:

No todas las peticiones, retos o comentarios necesitan una respuesta. La gente debe ganarse el derecho de relacionarse contigo. ¿Y cuál es la base de una relación? La comunicación. Una comunicación irrespetuosa no siempre justifica una respuesta. Después de todo, si exiges respeto, solo respondes a una conversación respetuosa. Si el tono cambia, puedes responder en consecuencia. Se trata de establecer límites firmes mediante un trato respetuoso a los demás y la exigencia de lo mismo a cambio.

No todos pueden ser la persona de confianza indicada para nosotras. Elige con cuidado. Si Liza hubiera sabido que los inquietantes detalles del comportamiento de su esposo afectarían a su hermana, hubiera decidido hablar con una consejera o una confidente neutral que no fuera un pariente. Antes de desahogarse, considera si la información que deseas contar afectará a la persona de tu confianza y a la persona sobre la que estás hablando. Tus hijos (ni siquiera adultos) son los indicados para oír tu desahogo con respecto a su padre. Tu compañera de trabajo puede sentirse atrapada en medio de la situación cuando hablas en contra de alguien con el que también debe trabajar.

Esto no significa que nunca puedes dar a conocer información pertinente, pero ten cuidado antes de comentar detalles que cambiarían la dinámica de otras relaciones. Esto sucede especialmente en las relaciones personales cercanas. Aunque tú puedas superar la frustración que te llevó a desahogarte con alguien, la persona que escuchó tu desahogo podría no ser capaz de seguir adelante con la misma facilidad. Es posible que no puedas juntar todas esas plumas que el viento se llevó.

No permitas que la presión de ser la primera te lleve a hablar demasiado pronto. En nuestra búsqueda de contar lo que nos pasa, de que alguien nos escuche, de tener la razón, puede ser fácil hablar demasiado pronto en una situación. No cedas a la presión de hablar demasiado rápido. Una vez que has expresado ciertas opiniones y razonamientos, puede ser difícil retractarnos sin parecer que no tenemos convicciones. Solo ten en cuenta que tus palabras tienen poder y, por lo tanto, merecen reflexión cuando hay incertidumbre. Por supuesto, todo tiene un equilibrio. No debes tener miedo de hablar, pero cuando no tengas paz por tomar alguna medida o dar una opinión, no hables.

No alimentes emociones negativas innecesariamente. Uno de los consejos sabios que más me gusta se encuentra en el libro de Santiago, que dice:

> He aquí nosotros ponemos freno en la boca de los caballos para que nos obedezcan, y dirigimos así todo su cuerpo. Mirad también las naves; aunque tan grandes, y llevadas de impetuosos vientos, son gobernadas con un muy pequeño timón por donde el que las gobierna quiere. Así también la lengua es un miembro pequeño, pero se jacta de grandes cosas. He aquí, ¡cuán grande bosque enciende un pequeño fuego! (Stg. 3:3-5).

Tus palabras pueden provocar ira, resentimiento, celos, ansiedad, miedo, expectativa y muchas otras emociones. Sé consciente del poder de tus palabras sobre las emociones de los demás. ¿Cuál será el efecto en aquellos que te escuchan? ¿Se resolverá rápidamente la situación por sí misma y sus emociones habrán sido afectadas en vano? ¿O, es la emoción negativa un elemento inevitable y pertinente de la situación? A veces es necesario hablar de cosas difíciles, pero el dramatismo suele ser opcional. Mantén la calma y la firmeza. Hay poder en la calma.

Habla de lo que sabes. Sé cauta cuando hablas de lo que no sabes. Otra ocasión para hablar menos o no hablar es cuando el tema no es tu área de experiencia. No improvises. Según la situación, deberías limitarte a escuchar. O si te hacen una pregunta, admite que no sabes. Cuando la situación lo amerite, ofrece buscar la respuesta y contestar más tarde. Si no tienes algo significativo para contribuir, resiste el impulso de hablar por hablar. Una mujer segura habla, porque sabe que lo que tiene para decir aporta valor a la conversación.

No te quejes si no estás dispuesta a confrontar. Quejarte sin la voluntad de buscar una solución es improductivo. A veces confrontar un asunto significa hablar con la persona responsable y pedir un cambio o rectificación de algún tipo. En otras ocasiones significa enfrentar un problema y buscar la manera de cambiar tus circunstancias. Por ejemplo, el problema puede no ser tu jefe, sino la carrera que has elegido: un problema mucho más grande. ¿Estás dispuesta a confrontarlo? Si no es así, toma la decisión de dejar de quejarte.

Puede que lleve tiempo, pero descubrirás que, una vez que comiences a tomar medidas para resolver tus problemas, te sentirás más poderosa y con propósito en la vida.

Habla con dulzura

"Panal de miel son los dichos suaves; suavidad al alma y medicina para los huesos", dice Proverbios 16:24. Proponte hablar palabras de aliento y motivación siempre que sea posible. Tales palabras fortalecen los vínculos relacionales, despiertan emociones positivas que hacen más fácil tener una conversación difícil más adelante, y, por lo general, hacen de ti una persona más agradable. Busca motivos para felicitar a otros, mostrar gratitud y hablar bien de los demás a sus espaldas.

Cuándo permanecer en silencio

Hay momentos cuando lo mejor es mantenerse en silencio; momentos cuando tus palabras solo pueden afectar negativamente la situación. Estas son algunas ocasiones cuando no deberías hablar.

Cuando la conversación es insensata. Si la persona con la que estás conversando es insensata, dice disparates y trata de hacerte participar en una conversación que te demanda rebajarte a un nivel de ignorancia, no hables. Desvía la conversación, niégate a hacer un comentario o aléjate. Cualquier cosa que intentes decir en tal situación es probable que solo acalore la conversación.

Cuando la otra persona necesita que la escuches. Una de las habilidades más difíciles para los nuevos entrenadores es la de hacer silencio. A menudo les decimos que se sientan cómodos en el silencio. Dale a la otra persona la oportunidad de pensar, el espacio para evaluar sus opciones. No trates de darle respuestas. Permítele descubrir sus propias respuestas contigo como una persona de confianza y una guía. Lo mismo ocurre en muchas otras conversaciones. Sé consciente de cuánto estás hablando. ¿Dominas tú la conversación? ¿La otra persona siente que la estás escuchando? Estar callada le da a la otra persona el espacio para disfrutar de un verdadero diálogo contigo.

Cuando el momento pide un silencio sagrado para dar consuelo y escuchar. Otra circunstancia que requiere silencio es cuando la emoción está presente. Ya sea que se trate de una pérdida devastadora u otro hecho que una persona todavía está procesando, tu presencia a menudo será más importante que tus palabras. En lugar de tratar de dar respuestas o consejos, solo ofrece tu compañía.

No todo el mundo merece tus palabras o tu energía

¿Alguna vez tuviste la respuesta perfecta para alguien, pero las circunstancias te impidieron tener la oportunidad perfecta para hablar con esa persona? En tu mente tienes una lección profunda que esa persona necesita oír. Es decir, si pudieran obtener tus palabras reveladoras, ¡finalmente podrían entrar en razón! Sin embargo, cuanto más lo piensas, más te das cuenta de que tus palabras no serán más que un desperdicio de aliento… y tal vez la chispa provoque más dramatismo. A veces, debes llegar a la conclusión de que conseguir que otros rectifiquen su vida *no* es tu responsabilidad

Puede sonar duro, pero no todas las lecciones de vida son sobre positivismo. Algunas son sobre preservación. Tu energía es poderosa. No la deseches con demasiada facilidad. Reconoce su valor y gasta tu energía en personas y cosas que te devuelvan un beneficio de tu inversión. Si la dedicas a personas que no lo merecen, desperdiciarás ese recurso precioso y te preguntarás por qué no tienes suficiente energía para las personas y las cosas que más te importan. Cuando una situación merece tu energía, notarás, al menos, una de estas cosas:

- Te da energía ocuparte de la persona, grupo o situación.

- Aunque no puedes ver el resultado hoy, sabes que estás dedicando tu energía a un esfuerzo valioso.

- Tus palabras y tu energía están derivando en una solución, no en un debate infructuoso o en nuevos problemas.

- Te sientes divinamente conducida a dedicar tu energía allí. Tiene un propósito.

Soy una de esas personas que da más oportunidades de las que debería, pero cuando digo basta, *realmente es basta*, y sigo adelante, con la seguridad de que no podía hacer nada más. Sin culpa. Sin reproches. Por lo general, las circunstancias me confirman que mi decisión fue la correcta. Esto se debe a que aquellos que traspasan tus límites no dejan de ser quienes son solo porque te desengañaste de ellos. Discierne a quién y a qué dedicar tu energía. A veces, el silencio es la respuesta. Preserva tus palabras y tu energía. Dedícalas solo a lo que sea productivo. Invierte tu energía en lo que quieres, no en lo que no quieres. Discierne quién y qué merece una respuesta y qué no.

Considera tu propia vida y tus circunstancias. ¿Qué situación o persona te incita a pasar a un estado de energía negativa? ¿Cómo sería pasar por alto el problema y seguir adelante? En cambio, ¿qué merece tu energía positiva?

Cuando hablas de otras personas

Estefanía estaba disgustada con una amiga y trataba de ver la manera de abordar la situación. Con muchas dudas, tocó el tema con Pía, una amiga común, con la esperanza de que quizás Pía podría escucharla y sugerirle qué decir.

"Realmente no quiero hablar a sus espaldas, pero necesito un consejo. No quiero perder su amistad, pero también siento que, si no digo algo, finalmente, eso es lo que va a suceder", dijo afligida Estefanía.

Pía podía sentir un nudo en el estómago. Amaba a las dos mujeres y tampoco quería ser desleal. Sin embargo, se daba cuenta de que Estefanía realmente buscaba un consejo, y su actitud era sincera, no cínica o enojada. Ahí Pía recordó algo que es una excelente regla de oro. La Biblia es clara acerca de dos cosas cuando se trata de hablar de otros: ni el chisme ni la adulación son aceptables. Me gusta recordarlo de esta manera:

El *chisme* es decir algo a espaldas de alguien, que no le dirías en la cara.

La *adulación* es decir algo en la cara de alguien, que no dirías a sus espaldas.

Al recordar estas definiciones, Pía fue amorosa, pero directa con Estefanía. "Pareces muy perturbada. Sabes que las quiero a ambas y deseo ayudarlas, pero esta es la cuestión —dijo con amor y también con franqueza—. Debes estar dispuesta a decirle a ella todo lo que me digas a mí. No quiero chismear sobre ella, pero sí quiero ayudar". Estefanía aceptó y le contó a Pía su dilema.

El consejo de Pía incluía sugerirle a Estefanía que anotara las tres cosas que más necesitaba decirle o pedirle a su amiga. Pía le pidió a Estefanía que precediera la conversación con estas palabras: "He estado muy ansiosa por hablar contigo acerca de esto. No estaba segura si debía decirte algo, así que le pedí consejo a Pía porque ella nos conoce a ambas. Ella me dijo que hablara de esto contigo porque me escucharías".

Sin chismes. Todo a la luz, y con límites claros. Si el éxito es una armonía de propósito, resiliencia y gozo, especialmente en nuestras relaciones, entonces debes hablar de forma íntegra sobre los demás. Puede ser fácil quedar atrapado en el chisme, ya sea en el trabajo, entre amigos o en la comunidad, pero el verdadero éxito significa nunca deleitarse con los problemas de otra persona o despertar semillas de discordia. En algunos grupos eso significa que te destacarás. Sin embargo, eso es lo que debes hacer. Hablar diferente. Usar tus palabras para animar, edificar y fortalecer.

Cuando hablas de otros, la adulación es sumamente perjudicial.

Aquellos que halagan a otros y dicen cosas que no creen, con el objetivo de ganarse el favor de ellos, al final, quedarán en evidencia. La autenticidad es un sello distintivo de la resiliencia.

Resiliencia es un sello del éxito. Con la práctica, es posible encontrar algo bueno en otros para elogiar de manera auténtica sin recurrir a la adulación. Si recurres a decir a los demás lo que quieren oír, hasta las personas más inseguras reconocerán la diferencia entre un cumplido real y uno falso.

> *El chisme es decir algo a espaldas de alguien, que no le dirías en la cara. La adulación es decir algo en la cara de alguien, que no dirías a sus espaldas.*

Cuando hablas a través de un teclado

Una mujer viajaba desde Nueva York a Sudáfrica para ver a la familia durante las fiestas, y en el camino empezó a enviar *tweets* para divertirse. En ese momento, su cargo laboral era directora general de comunicaciones corporativas para una empresa líder de medios en línea. En su vuelo desde Nueva York a Londres *twitteó* sobre un "tipo alemán raro" que necesitaba desodorante. Mientras esperaba su vuelo de conexión de Londres a Ciudad del Cabo, twitteó sobre "los dientes amarillos". Y, luego, justo antes del despegue, twitteó esto: "Voy a África. Espero no contraer SIDA. Solo una broma. ¡Soy blanca!".

Según un relato del viaje en la revista del *New York Times*, la mujer "se rio mientras presionaba la tecla de envío de este último", y luego recorrió el aeropuerto durante un tiempo antes de su vuelo. Revisó su teléfono, pero nadie respondió a su *tweet*. Con menos de doscientos seguidores, no era inusual. Hizo su vuelo y durmió la mayor parte del viaje de once horas a Sudáfrica. Al aterrizar, encendió su teléfono e inmediatamente supo que algo estaba mal. Una antigua amiga de la escuela secundaria envió un mensaje que decía "lo siento". Otra amiga le había pedido que la llamara enseguida. Luego recibió una llamada que le informaba que era la tendencia número uno en todo el mundo en Twitter.

Durante su vuelo de once horas, su "chiste" había desencadenado una tormenta de fuego en Twitter con decenas de miles de respuestas enojadas que pedían que fuera despedida (incluso los empleados de su compañía que se enteraron del *tweet*). De hecho, alguien de Twitter que vivía en Sudáfrica fue al aeropuerto solo para sacar una foto de su llegada y publicarla en línea. A pesar de que su mejor amiga logró entrar a su cuenta y eliminar el *tweet* y su cuenta de Twitter mientras ella todavía estaba volando, ya era demasiado tarde.

La mujer reconoció que nunca debió haber hecho el comentario sobre el SIDA. Creía que era un comentario totalmente ridículo y que nadie creería que lo estaba diciendo en serio. Esto es lo que escribió en la revista del *New York Times*: "No tenía por qué comentar sobre una epidemia de una manera políticamente incorrecta en una plataforma tan pública. Para decirlo de manera simple, no estaba tratando de crear conciencia sobre el SIDA... ni de arruinar mi vida. Vivir en los Estados Unidos nos pone en una burbuja con respecto a lo que sucede en el tercer mundo. Me estaba burlando de esa burbuja".[1]

No entiendo la razón o el sentido del humor que la llevó a publicar ese *tweet*, pero sí creo que no tenía la intención de arruinar su vida cuando lo publicó. Perdió su empleo. Puso en vergüenza a sus familiares de Suráfrica, que habían sido activistas en favor de la igualdad racial allí. Su nombre siempre estará vinculado a ese *tweet* cada vez que alguien la busque en línea.

Las redes sociales

El "efecto pluma" que vimos al comienzo de este capítulo puede ser tan drástico, si no más, cuando hablas a través de un teclado. A diferencia de hablar en persona o incluso a un número reducido de personas, hablar a través de las plataformas de redes sociales crea un registro permanente y la posibilidad de crecer exponencialmente a medida que otros comparten tus publicaciones. Muchas personas tratan la plataforma totalmente pública de las redes sociales como si fuera una conversación privada y acogedora con amigos en una sala de estar. No lo es. Puedes decirle algo indiscriminado a un familiar o a una amiga y rectificar. Puedes mostrar remordimiento y pedir perdón. Probablemente

---

1. Jon Ronson, "How One Stupid Tweet Blew Up Justine Sacco's Life", *New York Times Magazine*, 12 de febrero de 2015, http://www.nytimes.com/2015/02/15/magazine/how-one-stupid-tweet-ruined-justine-saccos-life.html.

puedas seguir adelante sin problemas. Incluso podrías discutir con ellos, pero el contenido de lo que dijiste no debe llegar a oídos de todo el mundo, tu empleador, tu vecino y cada amiga que tenías en la escuela secundaria. No trates una plataforma pública como si fuera una conversación privada. Es más seguro cortar con los chistes de mal gusto o, al menos, no publicarlos para que el mundo los vea.

Sin embargo, esto es más grande que los chistes ofensivos. A diferencia del siglo pasado, hoy casi todo el mundo tiene una imagen pública. Estoy segura que sí. Probablemente, tengas varias cuentas de redes sociales. Las mujeres exitosas hacen esto en las redes sociales: recuerdan su visión y sus metas, y se aseguran de que todo aquello que publican en las redes sociales esté en línea con la imagen que desean proyectar al mundo. No publican nada que pueda sabotear sus mejores esfuerzos, ya sea una meta laboral o profesional, un objetivo relacional o una meta financiera o espiritual. No se olvidan de que no solo sus amigos personales están leyendo sus publicaciones, sino todos los que están conectados en línea, ya sean compañeros de trabajo, clientes, potenciales empleadores, vecinos, suegros, miembros de la iglesia o sobrinos. Tenlo en cuenta cuando publiques información. Si tus publicaciones alguna vez se hacen virales, podrían estar expuestas a millones de personas con las que no tienes ningún tipo de contacto.

Hoy día, las personas no tienen reparos en compartir sus pensamientos más íntimos en las secciones de comentarios de artículos y publicaciones. Recuerda que esos comentarios pueden llegar a personas que no conoces. Cualquiera puede ver información sobre tu perfil con solo el clic de un botón. Algunos han sido despedidos por escribir comentarios ofensivos y olvidar que habían incluido el nombre completo de su empleador en su propia página. Se sabe que algunos comentaristas enojados han tomado una captura de pantalla y se han puesto en contacto con los empleadores. Piensa bien lo que dices en cualquier sitio en línea. Si tienes que comentar, hazlo con tu visión y objetivos en mente. Hazlo de manera que vaya la conversación en una dirección productiva.

Sea cual sea la red social en la que más disfrutas participar, hazte esta pregunta: ¿cuál es mi propósito al compartir en esta plataforma de medios sociales? Si sabes cuál es tu propósito en usar una red social en particular, ese propósito puede guiar tu manera de usarla. ¿Es para estar al tanto de lo que los amigos y la familia están haciendo? ¿Es para seguir a ciertas personas por inspiración o información? ¿Te posiciona como una experta en la materia? ¿Es para compartir fotos con familiares y amigos?

Cuando conoces tu razón para participar de una plataforma en particular, se hace fácil decidir qué quieres transmitir en ella. Es muy eficaz hacerse esta pregunta: "¿Cuál es el propósito de estar en esta red social?". Después de responder esta pregunta, incluso podrías decidir que ya no quieres ser parte de algunas plataformas. No tienen ningún propósito real para ti. En el caso de otras plataformas, de repente verás claramente lo que deberías publicar y lo que no.

Por ejemplo, en mi página de Facebook, mi misión es inspirar a los seguidores con conocimientos prácticos diarios y ayudarlos a conocerme mejor. La mayor parte de lo que publico es de inspiración, pero está salpicado de mensajes personales que son amenos y positivos o edificantes. Me doy cuenta de que mi rasgo distintivo es escribir sobre las mujeres exitosas, y lo que publico debe ser relevante para ellas. Incluso si publico algo sobre mi esposo o mis hijos, mis padres o mis amigos, es en el contexto de algo con lo que las mujeres que buscan el éxito puedan identificarse, porque, en última instancia, estoy en Facebook para conectarme contigo, mi lectora.

El correo electrónico no transmite emoción

Una vez que presionas enviar, ese correo electrónico salió, por escrito. Debido a que es tan difícil transmitir el tono y la emoción a través del correo electrónico, es arriesgado enviar mensajes emotivos o que puedan evocar emociones.

Si necesitas transmitir algo más que información específica, mantén una conversación verbal. Puedes compartir la información fundamental vía correo electrónico cuando sea apropiado, y luego seguir con una conversación telefónica personal sobre el resto.

Si estás molesta por algo, no envíes un correo electrónico. Espera hasta estar tranquila. Tómate tiempo para pensar lo que quieres decir. Con cada declaración que te sientas obligada a hacer, pregúntate: "¿Esta declaración me acerca a mi objetivo para esta comunicación?". Si es así, sigue adelante. Si no, elimina la declaración o modifícala de tal modo de cumplir con tu objetivo. Sé determinante sobre tu comunicación; es decir, ten cuidado de no soltar plumas que después quieras recuperar pero no puedas.

Desde luego, el correo electrónico no es la única forma de hablar a través de un teclado. Para muchos puestos de trabajo de hoy, una empresa ejecutará no solo una verificación de antecedentes penales y un informe de crédito sobre los posibles empleados, sino también una verificación de antecedentes de los medios de comunicación social. Eso incluye todo lo que has publicado o que se ha publicado acerca de ti en las redes sociales, blogs, motores de búsqueda y cualquier otro sitio en línea. Estos controles de antecedentes de medios sociales, que la Comisión Federal de Comercio considera legales y dentro del cumplimiento de la Ley sobre Informes de Crédito Justos (FCRA), puede ir hasta siete años atrás para informarse sobre lo que has dicho, lo que se ha dicho sobre ti y cualquier fotografía o video que has publicado. Si tal verificación se ejecutara sobre ti hoy, ¿qué revelaría sobre cómo hablas y cómo te presentas al mundo? ¿Reflejaría la imagen y los valores que mejor te representan?

Hoy día nos comunicamos con la palabra escrita más que nunca, y eso puede afectar a cómo la gente te ve. ¿Es tu estilo de escritura superinformal, con faltas de puntuación y una corrección automática dudosa? ¿Cómo te imaginas que podría influir en la percepción de otras personas sobre ti?

Un rastro permanente

Con respecto a la comunicación electrónica, la ilustración de San Felipe Neri y la mujer que difunden el chisme es aún más relevante en esta era de la tecnología. Así como fue imposible que la mujer juntara todas las plumas una vez soltadas, es imposible retractarse de las declaraciones y los comentarios hechos a través de la comunicación electrónica. Si bien se ha convertido en nuestra norma comunicarnos a través de mensajes de texto y correos electrónicos, recurrir a opiniones en las secciones de comentarios de las redes sociales o compartir imágenes y videos a través de los medios electrónicos, decide crear tus propias reglas para el uso de la tecnología como medio de comunicación.

Toma un momento para pensarlo. Es muy fácil hacer simplemente lo que todo el mundo hace, pero tú no eres "todo el mundo". Eres una mujer de propósito, resiliencia y gozo. Eso significa que debes prestar atención a cómo y qué comunicas, y comprender que, una vez enviada, no puedes borrar ninguna comunicación. Puedes disculparte. Puedes intentar enmendarlo de algún modo. Puedes informar a alguien que has cambiado de opinión y ya no piensas igual. Puedes dar excusas, pero no puedes hacer que alguien lea lo que has escrito o "no escuche" lo que has dicho.

Se produce todo tipo de drama innecesario debido a una actitud informal hacia la comunicación electrónica. Puede convertirse en una fuente de confusión y caos a menos que tomes en serio las consecuencias de la comunicación imprudente. Una de las claves para evitar el arrepentimiento es decidir por adelantado cuáles son tus propias reglas personales con respecto a los mensajes de texto, correo electrónico, correo de voz, medios sociales, grabaciones de audio y videos. Aquí hay algunas categorías en las que puedes establecer, deliberadamente, tus propias reglas. Considera estas categorías y preguntas para identificar tus propias normas ahora, para que no tengas que hacerlo sobre la marcha cuando te enfrentes a un escenario tentador:

Mensajes de texto

Los mensajes de texto son una manera eficiente e informal de comunicarse. ¿Cuáles son tus reglas sobre cuándo, qué y a quién enviar un mensaje de texto o no? Debes tener tus reglas específicas, pero voy a darte algunos ejemplos. En general, envío mensajes de texto a los amigos y la familia, pero no a las personas que son clientes o vendedores. Trato de mantener el correo electrónico para la comunicación profesional a menos que esté en medio de un compromiso para el cliente y tengamos que comunicarnos en tiempo real.

¿Cuál es mi razón para esto? Normalmente, el mensaje no es tan urgente, y no se puede guardar y archivar textos como se puede hacer con un correo electrónico. Además, el mensaje de texto tiene una sensación de urgencia que puede causar un estrés innecesario cuando estás trabajando. En general, en tus reglas personales con respecto a los mensajes de texto no es necesario incluir una lista de lo que *sí* enviar, pero podría ser prudente tomar una decisión sobre lo que *no* enviar. Podrían incluir párrafos de información, preguntas que requieren una explicación detallada o información que sería perjudicial o traumática recibir a través de un mensaje de texto, que, como he señalado, es un medio de comunicación informal.

Además, toma la decisión de no escribir nada que no quieras que otra persona lea. Ya sea que se trate de una foto que no deseas mostrar o una declaración que podría meterte en problemas si alguien más la leyera, piensa antes de enviarlo por mensaje de texto. Tu texto podría ser informal, pero también es una declaración con fecha y hora. Formúlate esta pregunta: Si la persona a quien estoy enviando este texto se lo mostrara a alguien más, ¿me sentiría avergonzada, enojada o herida de alguna manera? Si la respuesta es sí, no lo envíes. Piensa por un momento en algunas de las reglas personales que te gustaría establecer para los mensajes de texto y anótalas. ¿Cuáles son tus normas?

Correo electrónico

A diferencia de los mensajes de texto, el correo electrónico puede ser un medio formal de comunicación. Debido a que estos se guardan a menudo durante años, lo que hables por correo electrónico debe ser a conciencia. Establece algunas reglas básicas para la forma de usar este medio. Por ejemplo, puedes decidir responder a correos electrónicos de trabajo que son de naturaleza seria solo cuando estás en horas de trabajo. Cuando digo "naturaleza seria", me refiero a los correos electrónicos que requieren una respuesta reflexiva, tienen consecuencias más allá de responder una pregunta simple o evocan una emoción dentro de ti. Particularmente, cuando un correo electrónico te hace sentir sensible, no respondas inmediatamente después de leerlo. Tómate tiempo para procesar lo que has leído y contesta con un mensaje que sea a conciencia y no emocional. Aquí hay una regla general:

- Serénate antes de responder correos electrónicos que te provocan emociones. Tómate un descanso, déjalo para más tarde, incluso para el día siguiente cuando sea apropiado.

- En vez de hacer acusaciones, sé objetiva. Formula preguntas directas para que puedas obtener claridad en vez de hacer suposiciones.

- Recuerda que la emoción y los matices a menudo se pierden por correo electrónico. Por lo tanto, si debes decir algo que transmite emoción, muchas veces es mejor tomar el teléfono o hablar cara a cara. Sin embargo, si necesitas comunicarte por escrito para protegerte o documentar la conversación, haz todo lo posible para transmitir los matices y la información emocionalmente relevante de manera que conste en tu correo.

- Numera los puntos importantes para que la información clave sea de fácil acceso y los correos electrónicos extensos no sean pesados de leer.

- Si necesitas una respuesta específica, pídela más de una vez y pídela específicamente al final del correo electrónico, ya que será lo último que lea el destinatario.

Mensajes de voz

Con tantos medios de comunicación electrónica, el correo de voz, de alguna manera, está sujeto a una brecha generacional, especialmente para la comunicación personal. Cuanto mayor eres, más probable es que dejes mensajes de voz, y más largos sean los mensajes que estés dispuesta a dejar. Los *millennials* [personas nacidas entre 1983 y 2000] a menudo piensan que el mensaje de voz no es práctico y no consideran los mensajes particularmente urgentes, porque si lo fueran, ¿por qué no enviar un mensaje de texto? Además, un mensaje de voz tarda más en recuperarse y procesarse que un texto. Sin embargo, si utilizas el mensaje de voz en el lugar de trabajo, recuerda algunas cosas cuando dejes mensajes:

- A menos que un mensaje sea sobre un tema negativo o de alguna manera decepcionante, sonríe mientras dejas el mensaje. Te hace sonar más animada y simpática.

- Procura que el mensaje sea breve y directo. Responde quién, qué, cuándo, dónde y por qué.

- Nunca dejes un mensaje cuando no estás en un estado

mental completamente presente. No realices varias tareas a la vez mientras dejas un mensaje. Y, desde luego, no dejes mensajes mientras estás sensible. Al igual que todas las comunicaciones electrónicas, el correo de voz se puede guardar, reenviar y utilizar en tu contra más adelante.

Una buena regla es dejar solamente mensajes informativos o positivos a través del correo de voz a menos que la información no pueda trasmitirse de otra forma. Cuando hay algo que decir que afectará negativamente al destinatario, dejar un mensaje de voz significa que esa persona puede escucharlo repetidamente, compartirlo con otras personas y analizar por separado tu mensaje de una manera que no podría hacer si mantuviera una conversación real contigo. Tus palabras tienen un impacto. Si grabas tus palabras, asegúrate de que el mensaje no contenga nada que no quieras que se reproduzca.

Video

Ningún medio es más potente que el video. Hoy día, el video es más fácil de rodar y distribuir que nunca, y con una alta calidad. La imagen de tu movimiento y el sonido de tu voz crean una imagen inolvidable e impactante. Solo recuerda que todo lo que compartes, ya sea a través de mensajes de texto, redes sociales o en cualquier otro medio, es como esas plumas en el viento una vez soltadas. ¿Es el tipo de mensaje que te gustaría que todos vean? ¿Te acerca a tus objetivos o te aleja de ellos? ¿Atraerá el tipo de atención que deseas o lo repelerá? Hazlo a conciencia.

Pautas para el éxito

- Las mujeres exitosas no murmuran. Si tienes un problema con alguien, sé auténtica y háblalo con esa persona. Si alguien tiene un problema que no te concierne, mantén tus juicios para ti misma.

- No escribas nada en línea, ya sea por correo electrónico, mensaje de texto o redes sociales, que no quieres que se conserve como un registro.

- Hablar diferente a veces significa no hablar en absoluto. Recuerda que no todo merece una respuesta.

Lo que toda mujer debe saber

- Una vez pronunciadas, tus palabras no se pueden "desdecir". Sé lenta para hablar y rápida para escuchar.

- Lo negativo es más poderoso que lo positivo. Hace falta, por lo menos, tres palabras positivas para deshacer una negativa.

- La murmuración es cobardía: decir algo a espaldas de alguien que no dirías en su cara.

Preguntas de reflexión personal

- Cuando necesites responder a una situación, pregúntate: "¿Estoy demasiado sensible en este momento? ¿Cuánto tiempo necesito para calmarme y responder de manera racional?". Si no tienes tiempo para serenarte, pregúntate: "¿Cuál sería la respuesta más espiritual y emocionalmente madura en este momento?".

- ¿Cuál es el propósito de tu plataforma de medios sociales? ¿Quién es tu público y qué quieres que tus seguidores y amigos sientan y piensen cuando vean tus publicaciones?

- ¿Cuándo es más probable que murmures? ¿De quién hablas y por qué? ¿A quién tiendes a adular y por qué? ¿Qué cambiarás para eliminar el chisme y la adulación de tus hábitos a la hora de hablar?

Habla diferente

El silencio dice mucho. Habla con el propósito de no hablar cada vez que tengas la oportunidad. Tus palabras tendrán más peso.

No hables solo de manera positiva, sino también con precisión

Por qué necesitas valor para reemplazar las excusas por la verdad... ahora mismo.

Y conoceréis la verdad, y la verdad os hará libres.

JUAN 8:32

Lecciones clave

- Aunque puede ser difícil de escuchar, la verdad revela tu oportunidad de crecimiento y avance.
- Ser positiva todo el tiempo no es un requisito para el éxito.
- Una vez que admites un problema, puedes asumir la responsabilidad de resolverlo.

A rranqué el motor y puse en marcha la calefacción. Era un frío día de otoño y esta conversación iba a tomar un tiempo. Aunque no fuera así, componerme lo suficiente como para regresar al edificio y pasar delante de mis empleados para llegar a mi oficina llevaría un rato.

Mientras las lágrimas corrían por mi rostro, mi madre me aseguró de manera comprensiva: "Tal vez es hora de que te dediques a otra cosa. Pareces muy estresada y muy infeliz en esta empresa". Sus palabras sonaban ciertas, pero tenía miedo de admitirlo. ¿Qué iba a hacer con esa verdad? Comencé la empresa. La di a conocer en el mercado. Contraté a personas, en realidad, no a personas sin importancia. Algunas eran personas a las que conocía y apreciaba antes de contratarlas, y ahora quería emprender algo nuevo.

Esa era la verdad, pero nunca lo había dicho en voz alta antes. Tenía miedo, pero aun a los 28 años, el espacio seguro del suave empujón de mi madre bajó la pared del miedo que mantenía la verdad a raya. El día había comenzado con la solicitud de una propuesta para nuevos negocios. Tal noticia entusiasma a la mayoría de los dueños de empresas, pero había causado una opresión en mi pecho. No me gustaba el trabajo y, francamente, no quería seguir con la empresa. Parecía ser una realidad bastante ridícula para admitir como empresaria. Sin embargo, las noticias de esa tarde me hicieron salir corriendo de la oficina antes que alguien pudiera vislumbrar las lágrimas que tuvieron la amabilidad de esperar para empezar a rodar por mis mejillas hasta que salí del edificio y entré en el asiento del conductor de mi coche.

Fue en la época del auge de las compañías cibernéticas. Un cliente —no mi cliente más grande, sino un cliente fácil de complacer y constante— había llamado para decirme que estaban perdiendo negocios y habían tenido que recortar los gastos. Tendrían que reducir su presupuesto de relaciones públicas. Al oír esta noticia, mi corazón desfalleció. Con la voz más profesional que pude poner, me mostré comprensiva y solidaria, pero tuve que cortar la llamada rápidamente antes de que se notara que estaba disimulando. No quería nuevos clientes, pero tampoco quería perder los que teníamos. Quería mantener el *statu quo* mientras veía la manera de hacer una transición a la carrera que me estaba llamando. Sin embargo, creo que a veces nos tomamos demasiado tiempo, y Dios acelera las cosas para obligarnos a mirar el miedo a la cara.

"Mamá, la verdad es que no quiero seguir con esta empresa, pero estoy asustada", admití.

"No *tienes* que seguir dirigiendo esta empresa —dijo con naturalidad—. Tú has decidido comenzarla y tú decides si quieres seguir adelante". Me quedé pensando en sus palabras por un momento, mientras me limpiaba la nariz y me secaba las lágrimas a cada par de segundos. Respiré hondo y dejé que sus palabras penetraran en mí. No sabía cómo seguir adelante, pero en ese momento supe que seguir adelante era la respuesta correcta.

Hay un poder inmenso en decir la verdad. Quiere salir. Quiere ser reconocida y, una vez que la dices, ese poder cobra vida propia. "La muerte y la vida están en poder de la lengua", nos promete Proverbios 18:21. Ya sea que digamos la verdad o la neguemos, literalmente podemos crear la dirección de nuestras vidas con las palabras que salen o no salen de nuestra boca. Si ese día hubiera negado la verdad, habría matado el plan divino que estaba esperando que se manifestara. Podría haber continuado fingiendo que todo estaba bien, y hacerlo habría dado vida a una mentira.

En ese entonces, en mi empresa de relaciones públicas sucedían muchas cosas, pero había un problema subyacente: por fin había descubierto el trabajo de mi vida y no eran relaciones públicas. Esa pequeña y molesta verdad significaba que estaba siguiendo la carrera equivocada, y ni todo el éxito del mundo cambiaría ese problema. El cambio que necesitaba solo sucedería con el valor de reconocer la verdad.

¿Alguna vez has estado en esa condición? Ya sea en una relación, una carrera, las finanzas o la salud, la verdad revela tu oportunidad de crecimiento y avance.

Sabes que estás en modo de autodefensa cuando...

Pamela se estresa mucho cada vez que se aproxima una fecha límite para la entrega de un proyecto. Su jefe dice que debe tratar de reducir su ansiedad, porque su actitud está afectando negativamente a los miembros del equipo que se reportan a ella. Esta recomendación del jefe pone peor a Pamela y solo aumenta su estrés.

Hace meses que Gina escucha a su marido quejarse de sus hábitos en las redes sociales. Él opina que es una adicción, lo cual para ella es una opinión totalmente exagerada. "Me encanta estar en contacto con mis amigas, especialmente ahora que nos hemos mudado —explica—. Y entretenerme en las redes sociales me ayuda a relajarme".

El objetivo de Carmela de hacer el salto de empleada a dueña de una empresa pequeña ha tenido muchos obstáculos. Ha tenido un trabajo por cuenta propia como asesora de relaciones públicas durante cuatro años y pensó que seguramente a estas alturas se estaría dedicando solo a eso, pero los clientes que está atrayendo no parecen tener mucho presupuesto como para justificar que deje su trabajo de tiempo completo por el momento. Una amiga que tiene una exitosa empresa de diseño gráfico señaló que Carmela está apuntando a individuos en lugar de entidades corporativas con presupuestos de *marketing* reales, una audiencia que probablemente nunca la llevará a su meta. Sin embargo, la perspectiva diferente que su amiga le sugirió sacaría a Carmela de su zona de confort, por eso la rechaza.

Tal vez tú, como cada una de estas mujeres, has recibido comentarios de personas que no te cayeron bien. Tal vez te hicieron sentir incómoda o te hicieron sentir criticada a pesar de que trabajabas duro para hacer las cosas bien. Sin embargo, en el fondo, si eres verdaderamente sincera, te das cuenta de que la recomendación no es totalmente desacertada. Si alguna vez cuando estás en silencio pensando en un dilema escuchas esa pequeña y diminuta voz de la razón que te dice: *"Sabes, ella no está equivocada. A veces actúas así, y ese es un problema"*, y luego desechas rápidamente ese pensamiento por lo que significaría reconocerlo, considera esto: estás silenciando la voz que podría ser la gracia salvadora para lo que te importa de verdad.

Muchos objetivos se ven saboteados por nuestro instinto de preservación. "No puedo admitir mis defectos o voy a perder". ¿Perder qué?, podrías preguntar. Perder una discusión. Perder una oportunidad. Perder el derecho de seguir comportándote de la misma manera. Sal de tu zona de confort. Puede que no digas: "No puedo admitir que estoy equivocada o voy a perder" en voz alta, pero lo estás diciendo de manera instintiva.

Tal vez en el pasado has tenido la experiencia de admitir un error y te han mortificado. Quizás ese error involuntario hizo que te despidieran o te costó la promoción. Tal vez admitiste que estabas equivocada en un esfuerzo por ser veraz en una relación con la esperanza de ganarte la confianza, pero en cambio la otra persona nunca lo olvidó y todavía hoy sigue sacando el tema. Dondequiera que te hayas formado el hábito de autodefensa preventiva como manera de preservar tu posición, es un hábito que puede impedirte avanzar de manera considerable.

Este puede ser un tema muy incómodo. Si eres sensible a las recomendaciones y sugerencias, y lo ves como una crítica, las recomendaciones que te estoy haciendo ahora sobre cómo recibir recomendaciones y sugerencias ¡puede parecerte un suplicio! Así que respira hondo. Cierra los ojos por un momento y recuerda la razón por la que, en un principio, sentiste la necesidad de leer este libro. Quieres algo, y crees que vas a adquirir cierto conocimiento que puede ayudarte a obtener lo que quieres. Tal vez te gustó la idea de desarrollar más valor, confianza o influencia en tu vida. Esta es tu invitación a ser valiente.

Una de las decisiones más importantes que toman las mujeres exitosas es que buscan activamente sugerencias y las utilizan para crecer. Sería estupendo si las sugerencias siempre fueran lo que nuestros oídos quieren oír. Me encanta escuchar lo que hago bien. Es importante escuchar eso, porque si sabes lo que haces bien, lo puedes repetir deliberadamente. Esta sugerencia se basa en tus puntos fuertes y puedes sentir que te afianza y te motiva. Sin embargo, recibir recomendaciones sobre lo que debes cambiar requiere un nivel de sinceridad emocional y espiritual que muchas de nosotras se niegan a tener. No estoy hablando aquí de falsas críticas. Estoy hablando de preocupaciones legítimas.

Así es como te ves cuando rechazas las recomendaciones que te resultan difíciles de escuchar, pero que podrían impulsarte hacia adelante si las aceptas:

- Te enojas con la persona que te hace la recomendación, aunque lo diga de una manera amable.

- Das excusas por el error, la falta o la falla que te señaló.

- No le haces caso a pesar de que le darías la misma recomendación si los papeles estuvieran invertidos.

- Niegas que sea una recomendación correcta.

- Evitas a la persona en el futuro, porque no quieres abordar el problema.

- Señalas los defectos de la persona que hace la recomendación. "¿Cómo se atreve a señalar mis defectos cuando tiene los suyos propios?".

- Reúnes evidencia de otros que no están de acuerdo con la evaluación (incluso cuando percibes en tu espíritu que la evaluación es válida).

- Intentas sacar las recomendaciones de tu mente.

Cuando te hacen recomendaciones difíciles de escuchar, pero que en realidad pueden tener validez, ¿qué te impide aceptarlas? Aquí hay algunos culpables comunes:

- El mensajero es una persona con muchos defectos y no deseas escuchar el mensaje de esa persona.

- Tienes miedo de las consecuencias de reconocer el problema.

- Tienes miedo de abordar el problema.

- No sabes qué hacer al respecto.

- Sientes vergüenza, bochorno o culpa por ello.

Cuando reemplazas la verdad por excusas

Cuando actúas basada en emociones como miedo, culpa, vergüenza, bochorno o reproche, el dolor puede ser muy real. Tu primera reacción puede ser rechazarlo como haces cuando el dolor es físico. Es el instinto de preservación de querer escapar del dolor o protegerte del mismo. Lo mismo ocurre a un nivel emocional, y tiende a salir en tu reacción a través de tus palabras. Puedes minimizar el daño percibido. Puedes negar que incluso sea cierto. Puedes atacar al mensajero y señalarle que no tiene autoridad ni credibilidad para hablar de tus defectos dado que él tiene los suyos. O puedes dar excusas por ello.

Por ejemplo, la respuesta de Pamela a la observación de su jefe fue señalar que "los plazos de entrega eran demasiado cortos para poder estar conforme". En otras palabras, los plazos eran una excusa para actuar así. Esto no quiere decir que el estrés no afectara las reacciones de Pamela, pero el estrés no excusa gritar o menospreciar los esfuerzos de los miembros del equipo, es decir, lo que Pamela estaba haciendo.

Gina respondió a la crítica de su marido sobre su manía de estar todo el tiempo en los medios sociales de comunicación con la insistencia de que ella no estaba con su teléfono "todo el tiempo". En verdad, durante la semana antes que él le sacara el tema, ella había revisado su teléfono cada noche en la cama antes de dormir. Él se sentía ignorado y sin atención. Gina simplemente negó que fuera cierto, porque eran solo unos minutos. Sin embargo, después que transcurrían esos pocos minutos cada noche, su marido ya estaba dormido.

Y Carmela, que se siente intimidada por presentarse en nuevos ámbitos empresariales, insiste en que "prefiere trabajar con aspirantes a autores, artistas y músicos", a pesar de que su empresa se encuentra en una zona metropolitana que no tiene una gran escena artística.

En cada caso, las palabras de estas mujeres no estaban basadas en la verdad.

No estoy diciendo si ellas sentían que eran sinceras con sus palabras. Estoy diciendo si las palabras eran excusas para ocultar verdades más profundas sobre la situación. Sus excusas disimulaban hechos claves, evadían la responsabilidad de su comportamiento o les permitían proceder como si nada estuviera mal.

Hay una poderosa alternativa a dar excusas, que las mujeres más exitosas adoptan. Requiere estar firmes en la creencia de que la verdad realmente te hará libre. La verdad te liberará para avanzar hacia tu más alto potencial. Eso da miedo. Te mostrará una imagen de ti poco halagüeña a veces. Sin embargo, al hacerlo también te permitirá verte tal como eres y con todos tus defectos. Una vez que veas esos defectos, usarás tus palabras y tu energía para enfrentar los impedimentos que te alejan de los verdaderos deseos de tu corazón.

Llamo a esta potente alternativa hablar de "la semilla de verdad". Significa admitir tus defectos. Decirlos en voz alta. Reconocerlos. Sacarlos a la luz. La oscuridad no puede persistir donde hay luz. Ni siquiera tienes que saber cómo solucionar el problema. El primer paso es admitir que tienes uno y que merece que le des atención, no que lo niegues. Sacarlo a la luz no es solo pensar en eso. Es *decirlo* en voz alta.

Me pregunto si en este momento hay una semilla de verdad que te viene a la mente mientras estás leyendo este capítulo. Dila en voz alta ahora mismo. Admítela. Reconócela. Cuando admites tu verdad, no importa cuán frustrante, dolorosa o vergonzosa sea, pierde su poder. Cuando la ocultas o la niegas, les concedes poder a la vergüenza y la culpa. Te controlan. Gastas energía en ignorar, negar y culpar cuando podrías gastar esa misma energía en reconocer, corregirte y crecer.

Admite tu verdad

En mis años de estudiar y enseñar resiliencia, una de las habilidades que más transformó mi vida y la de mis clientes fue el acto de hablar de la semilla de verdad. Cuando tienes acceso a un entrenador de vida o entrenador personal, un libro de autoayuda o un seminario sobre el éxito, por lo general, esperas escuchar hablar bastante sobre "pensamiento positivo". Ahora bien, eso podría gustarte. Podrías haber nacido en este mundo con una sonrisa en tu rostro y una risita en tus labios. Tal vez tus primeras palabras fueron "¡Puedo hacerlo!". Tu positivismo puede ser tan contagioso que molesta a tu hermana o compañera de trabajo pesimista.

O tal vez te cueste mantenerte positiva. Tienes el objetivo de ser optimista, pero luego tropiezas con algo y empiezas a dudar de ti misma. Tus palabras pasan de "Puedo hacerlo" a "¿Para qué intentarlo?".

¿Te suena familiar? A mí me ha pasado, y soy una persona bastante positiva. Se necesita mucha intención para mantenerse positiva todo el tiempo. No obstante, aquí está la buena noticia: mantenerse positiva todo el tiempo no es un requisito para el éxito. Ayuda mantenerse positiva la mayor parte del tiempo para levantarse después de una caída y advertir cada vez que tenemos pensamientos autodestructivos; pero las investigaciones muestran incesantemente que el positivismo, en realidad, puede ser un obstáculo. Si puedes juzgar bien cuándo necesitas ser positiva y cuándo te conviene tener una dosis de pesimismo, podrías aumentar en gran medida tus posibilidades de alcanzar una meta. Permíteme explicarte.

Volvamos a Pamela, que estresa a sus compañeros de trabajo. Pamela es una de las mejores empleadas que la compañía ha visto en cuanto a su capacidad técnica. Le encanta que la elogien por su talento. Lo anhela. La hace sentir apreciada, inteligente, necesaria y especial, pero Pamela se comporta con una mentalidad fija como lo describo en mi libro, *Las mujeres exitosas piensan diferente*. Las personas con una mentalidad fija creen que los atributos tales como el talento o la inteligencia son criterios establecidos, de modo que cuando se presentan retos que, de alguna manera, amenazan con socavar su identificación como "talentosa", "inteligente" o "especial", pueden hacer oscilar su percepción de quiénes son.

Para Pamela, cualquier comentario que no sea un elogio por un trabajo bien hecho constituye un ataque a quién es como persona, no solo una crítica sobre lo que podría hacer diferente para mejorar. Esto, en parte, explica su contrariedad hacia su jefe por pedirle que corrija su comunicación debido a la influencia negativa que está empezando a tener en su equipo. La verdad es que si puedes aprender a hablar de manera diferente a tu equipo, en especial cuando te sientes presionada, puedes abrir grandes puertas de oportunidad para pasar al siguiente nivel. Sin embargo, tal como estás ahora, tu talento es fenomenal, pero el talento por sí solo no te acercará más a tu meta, porque tus hábitos de comunicación son un estorbo. Las piezas que faltan —la relación y la comunicación— son lo que ella necesita para alcanzar sus metas en el trabajo. Así sería para Pamela hablar de la semilla de verdad:

- "Mira, no me gusta admitirlo, pero estoy segura de que no soy exactamente la jefa más alentadora cuando me estreso. Tal vez debería pensar en el efecto que eso produce en mi equipo".

- "El hecho de que necesito mejorar mis habilidades de comunicación no borra las muchas cosas buenas que hago en términos de productividad. Solo significa que tengo espacio para mejorar. Todos necesitamos hacerlo".

- "Me temo que, si reconozco que mi jefe tiene razón, estoy admitiendo que no merezco una promoción. Podría verlo de otra manera. Reconocer la verdad de la evaluación de mi jefe me autoriza a hacer los cambios que me llevarán a una promoción".

- "Reconozco que a veces permito que el estrés tome completo control de mi personalidad. Esta es una oportunidad para respirar hondo, entregar mis debilidades a Dios y permitir que su fuerza prevalezca en mí".

- "Puedo ser temerosa o valiente. Elijo ser valiente. Me temo que no sé cómo solucionar este problema, pero estoy dispuesta a enfrentarlo porque no puedo conquistar lo que no enfrento".

- "Este problema es una oportunidad disfrazada. Me voy a concentrar en la solución. Voy a buscar sugerencias sobre cómo resolverlo. Voy a crecer como resultado de esto. En consecuencia, seré mejor que nunca".

Al hablar de la semilla de verdad, Pamela reconoce sus temores, pero también habla de su capacidad de superar esos temores con valentía y fe. Reconoce el problema y, una vez que lo reconoce, puede asumir la responsabilidad de resolverlo. También puede abordar su creencia errónea de que admitir que no es perfecta en su trabajo, significa de alguna manera que no es digna de progresar dentro de la organización. ¡Si ese fuera el caso, ninguna de nosotras progresaría!

A menudo las mujeres usan el perfeccionismo como una insignia de honor. Sin embargo, el perfeccionismo está arraigado en el miedo, y, en realidad, es enemigo del progreso.

¿Dónde necesitas hablar de la semilla de verdad?

A veces no se trata de una persona que te hace una recomendación. A veces es, como mi abuela lo llama, "la unción del Espíritu Santo". Tienes un profundo sentimiento interno de algo que no te conviene admitir. Una situación particular puede estar bien en su mayor parte, pero hay una pieza que no funciona. Esa es la semilla de verdad que necesitas reconocer. Si puedes reconocer esa semilla de verdad lo suficiente como para hablarlo, puedes empezar a reflexionar en una solución.

Puede que no tengas un problema profesional que corregir como el de Pamela. Tal vez, al igual que Gina, tienes dificultades para escuchar la opinión de tu cónyuge. ¿Cómo se atreve a señalar tu error cuando piensas que él tiene cinco? Tal vez no sea tu cónyuge, sino otra relación donde alguien importante te está diciendo lo que él o ella necesita, pero tiendes a no hacerle caso. Podría ser un médico que te ha pedido que hagas un cambio de estilo de vida, pero insistes en que el problema no es tan grave. No es necesario eliminar *todos* los alimentos fritos, ¿verdad? ¿Además los refrescos? Lo que pasa es que eres de contextura más grande que la mayoría. Esa cosa del índice de masa corporal no se aplica a ti de la misma manera porque tienes una contextura distinta.

La lista de escenarios a los que se aplica la semilla de verdad es interminable. Sin embargo, por experiencia personal, hablar de la semilla de verdad cambiará por completo tu vida. Cambió la mía. Más de una vez.

Sé lo que se siente al tener miedo de admitir la verdad. Nunca olvidaré que, a mis 20 años, acumulé tantas deudas que sentía como si tuviera un peso en mi cuello constantemente. Cuando leí lo que decían las Escrituras sobre el dinero, me sentí avergonzada. Mi vida no reflejaba sus verdades. "El que toma prestado es siervo del que presta", dice Proverbios 22:7. *Sí, eso es*, pensé. Porque todo lo que ganaba ya lo había gastado: le debía a la compañía del préstamo automotor, a la compañía de préstamos estudiantiles, a las compañías de tarjetas de crédito. Quería estar libre de deudas.

Así que hice lo mismo que hacía otras veces cuando quería aprender algo en mi vida, pero no sabía por dónde empezar. Compré un libro. Era un buen libro con consejos sencillos. Pero ¿sabes una cosa? En realidad, yo ya sabía cómo acabar con mi deuda. Es como saber cómo perder peso: hacer más ejercicio, comer más sano. Todas sabemos *cómo*, pero eso no significa que lo hagamos. Hay una gran diferencia entre saber y hacer. Para salir de deudas, ayuda ganar más dinero y gastar menos. A veces ni siquiera tienes que hacer ambas cosas. Si tienes suficiente para pagar las deudas, estás bien.

El libro que compré empezó con una petición muy simple: suma tu deuda. No estoy exagerando cuando digo que guardé el libro y no lo volví a abrir hasta después de varios meses. Sabía que mi imagen financiera no era la que yo quería, pero la idea de saber un número exacto me aterrorizó. No quería saberlo. Tenía una actitud de negación.

Entonces, un día, mi coche necesitaba una reparación. Solo eran unos pocos cientos de dólares. El problema era que hacía tres meses que no cobraba mi remuneración. Había pagado el salario de los empleados y las facturas de la empresa de relaciones públicas que tenía en ese momento, pero algunos clientes estaban muy retrasados con sus pagos. El retraso de pagos era bastante, así que lo compensé con la suspensión de mi sueldo.

Para empeorar las cosas, ya no podía seguir negando mi hábito de gastos con las tarjetas de crédito, porque estaban tan al límite que no tenía crédito disponible para pagar la reparación del coche. Desde luego, no quería admitir con nadie que estaba teniendo problemas de dinero. No. Eso era demasiado vergonzoso.

Toda la fachada se había agrietado, pero todavía estaba tratando de pegar las piezas para que las cosas se vieran bien. No quería que nadie conociera mi secreto, parecía más exitosa de lo que realmente era. Aquí estaba conduciendo un coche "de lujo" y ni siquiera podía pagar una pequeña reparación.

Mi orgullo no me dejó decir la verdad hasta que estaba tan estresada que una amiga cercana me preguntó qué me pasaba. Le expliqué y, sin dudarlo, mi amiga sacó un talonario de cheques y comenzó a escribir un cheque por 1.000 dólares. "No, no. No puedo aceptar ese dinero", insistí, aunque realmente lo necesitaba. Mi amiga no se echó atrás, así que le dije: "Bien, ¿qué tal unos 500 dólares?". Me sentí aliviada y agradecida, pero desmoralizada. La desmoralización, por más negativa que parezca, era la emoción que necesitaba.

Mis circunstancias no se ajustaban con lo que quería creer sobre mi situación financiera: que me estaba yendo muy bien. Pedir dinero prestado a una amiga fue una llamada de atención. Claro, podía pedir dinero prestado a una compañía de tarjetas de crédito y convencerme de que todo estaba bajo control. Sin embargo, verbalizar mi situación —decirla en voz alta— me hizo confrontar la realidad, la verdad. Fue en ese momento que me di cuenta de que era hora de ir a buscar ese libro de la estantería y enfrentar mi problema. Y así comenzó mi camino hacia la seguridad financiera.

Hablé de la semilla de verdad y fue algo como lo siguiente: "Valorie, tienes que llegar a una mejor condición financiera. No ganas suficiente dinero por todo el esfuerzo y el estrés que experimentas en tu empresa. Dejas que los clientes te paguen tarde en lugar de hablar con ellos. Tu deuda está creciendo y también lo está tu nivel de estrés. Algo tiene que cambiar en tu manejo del dinero".

En ese momento, llamé a mi mejor amiga. Aunque como educadora ganaba menos dinero que yo, no tenía deudas y tenía una muy buena cuenta de ahorros. Vivía dentro de sus posibilidades y parecía contenta financieramente. Decidí que le hablaría de mi semilla de verdad. A pesar de que nunca había estado en la situación en la que yo me encontraba, en parte porque no tenía aspiraciones empresariales y era más renuente al riesgo que yo, sabía que no me juzgaría.

La llamé y le conté lo que no hablé con nadie más. Le dije lo avergonzada que estaba y cómo me estresaba esa situación. Le conté mi objetivo de estar libre de deudas. ¿Su respuesta? "Valorie, solo puedo imaginar lo estresada que estás, pero te conozco. Una vez que te propones algo, lo logras. Y sé que conseguirás tu objetivo".

Saqué a la luz la semilla de verdad al hablarla con alguien de mi confianza. En lugar de esconder la semilla de verdad o de negarla, ahora estaba a la vista. Creo que un acto simple, como usar mi voz para reconocer la verdad, fue una manera poderosa de enfrentar esa verdad.

No estoy diciendo que esto sea fácil. A menudo es aterrador. Es difícil. Se te hará un nudo en el estómago mientras te imaginas lo peor que podría suceder si te expones a la luz de la verdad. Lo he experimentado. ¿Has soñado alguna vez que de repente te das cuenta de que estás en un lugar público sin ropa? Así es como te sientes cuando hablas de la semilla de verdad: tus defectos están en exhibición para la crítica, tus opciones están abiertas al escrutinio y, tal vez, tu propio buen juicio se ponga en duda. Si eso sucede, ¿entonces qué? ¿Te vas a exponer para que te critiquen aún más?

Primer paso: Admite que hay algo que no quieres admitir

Tu primer paso es muy simple. No es solo hablar de la semilla de la verdad, sino también admitir que incluso hay una semilla de verdad que debes examinar. Se trata de confesarse, ser sincera y dejar de negar la realidad. Este paso trae bastante alivio.

¿Recuerdas a Gina, la mujer cuyo esposo se refirió a su hábito con los medios sociales como una adicción? A ella no le gustó la opinión de él sobre su necesidad de estar en contacto con sus amigas y relajarse un poco cada noche. Siempre exagera, dijo ella. ¿Por qué no le pudo decir simplemente que quería más de su atención? ¿De verdad tenía que *hacer eso*? Él no tenía que referirse a algo con lo que ella disfrutaba de manera tan negativa.

Su reacción fue plantarse firme y decirle que estaba siendo ridículo. Sin embargo, en el fondo estaba molesta por su propia compulsión. No era un buen hábito, pero tenía miedo de admitirlo, y eso era lo que necesitaba admitir: el miedo.

En una sesión de entrenamiento, le pregunté a Gina cuál era la peor parte de verbalizar que tenía la compulsión malsana de revisar constantemente su teléfono. "Es como debilidad —me dijo—. Y detesto sentirme débil".

Indagué un poco más. "¿Qué es tan terrible con sentirte débil? Es decir, todos tenemos debilidades".

Se detuvo un momento y suspiró. Luego explicó: "Bueno, si soy débil, soy imperfecta. Tengo defectos". Se detuvo un momento más. "Sé que esto suena ridículo, pero siento que soy débil e imperfecta, incapaz de inspirar amor".

¡Increíble! En el fondo, Gina rechazó la crítica de su marido, porque admitir que tenía razón era equivalente a darle permiso para dejar de amarla.

Si bien esto podría parecer una exageración, la verdad es que nuestros temores son a menudo una exageración. Son una serie de creencias que nos hacen comportarnos a la defensiva. Nuestros temores tienen que ver con un instinto de preservación. Con una pausa suficiente para reconocer que hay algo que tienes miedo de admitir y luego preguntarte cuál es la raíz de ese miedo, puedes empezar el camino hacia la valentía.

Segundo paso: Sácalo a la luz

El segundo paso es liberador y atemorizante al mismo tiempo. Una vez que te permites admitir que hay algo que examinar, identifica ejemplos de cómo se manifiesta esa semilla de verdad. ¿Cómo te ha afectado? ¿Cómo ha impactado a otros? ¿Cómo te impide cumplir tus deseos más genuinos?

Incluso para la verdad más pequeña puedes encontrar muchos ejemplos de su efecto. Podría parecer abrumador, pero en realidad es beneficioso. Acabas de identificar algo que tienes la fuerza para enfrentar simplemente por el hecho de que estás dispuesta a admitirlo.

Gina tomó la valiente decisión de admitir el problema. Lo expuso a la luz y reconoció que no eran solo medios de comunicación social; era toda su manera de interactuar con su teléfono. "Reviso los mensajes de texto y las actualizaciones de las redes sociales cuando estoy en el semáforo —me dijo—. Reviso mi teléfono mientras estoy caminando por el pasillo de los cereales en el supermercado. Cuando me despierto, quiero orar, estirarme, ponerme ropa de entrenamiento y salir a caminar; pero, en cambio, ¿sabes lo que hago al abrir los ojos por la mañana? *Me acerco a la mesita de noche y agarro mi teléfono.* Sé que no es saludable. Tengo que dejar de hacerlo. Pierdo mucho tiempo".

Exponerlo a la luz significa decirlo en voz alta, primero a ti misma. Recomiendo escribirlo. Inténtalo ahora mismo:

Detesto admitirlo, pero…

Algunas manifestaciones de este problema en mi vida o trabajo en este momento son

Este problema ha saboteado mis mejores intenciones de

El hecho de que estoy admitiendo esta semilla de verdad no niega mis acciones positivas, rasgos de carácter y muchas cosas que hago bien, como

Sin embargo, mi potencial será limitado hasta que enfrente la semilla de verdad. Por eso decido hablar de la semilla de verdad.

Una vez que hayas dicho en voz alta la semilla de verdad para ti misma, háblalo con alguien de tu confianza. No tienes que hablarlo con la(s) persona(s) que estás afectando con esa semilla de verdad todavía. Eso viene después.

Tercer paso: Aprovecha la semilla de la verdad para avanzar

Es hora de concentrarte en la solución, no en el problema. La negación y la culpa se basan en el miedo. Cuando maduras emocional y espiritualmente, te das cuenta del poder de decir la verdad dentro de ti misma y a los demás.

No repares en lo que crees que la gente va a pensar. No te mortifiques. Permítete ser imperfecta, y reconoce que, al hablar de la semilla de verdad, finalmente te estás haciendo cargo de la situación. Ahora que estás enfrentando la verdad, puedes buscar una solución que trate la causa y no el síntoma.

Entrénate con las siguientes preguntas. Puedes reflexionar sobre ellas en voz alta, escribir en un diario personal tus respuestas o hablar con alguien de tu confianza. El objetivo es despegar más capas de la verdad, ser audaz y valiente en decidir qué hacer para avanzar con integridad.

- ¿Qué problemas están causando la semilla de verdad que ahora estoy reconociendo?

- ¿De qué manera estos problemas me detienen?

- ¿De qué manera estos problemas afectan a otras personas?

- ¿Necesito ponerme a cuentas con alguien ahora que reconozco una semilla de verdad que antes negaba, ignoraba o por la que culpaba a otros?

- ¿Quién puede ayudarme a resolver mejor el problema creado por la semilla de verdad que ahora estoy reconociendo?

- ¿Qué oportunidad me ofrece este reto para mi crecimiento?

- ¿Qué mejorará si abordo el problema?

- ¿En qué sentido quiero ser mejor como resultado de superar este reto?

- ¿Cuáles son mis opciones para rectificar este problema?

- ¿Qué decisiones tomaré y cuándo?

- ¿Cómo me mantendré responsable?

Permítete ser imperfecta.

Declaración

En la forma más básica de la palabra, una declaración es una constancia o anuncio explícito. Indica que las palabras pronunciadas son oficiales, que se ha tomado una decisión y que ahora se presenta la intención. Hacer una declaración personal puede ser una forma poderosa de exponer tus intenciones y comprometerte a cumplir un plan de acción. Después de admitir la semilla de verdad, dila en voz alta y luego decide avanzar y declara tu intención. Dilo en voz alta e incluso escríbela:

Hablar de la semilla de verdad es un sello distintivo de la resiliencia, y la resiliencia es un sello de las personas más exitosas. Cuando dices en voz alta la verdad que más deseas ignorar, le quitas poder. Básicamente, dices: "Te veo, y voy a tratar contigo".

Tienes un poder en acción dentro de ti cuando estás dispuesta a activarlo, que es mayor que cualquier circunstancia o situación. Sin embargo, ese poder solo puede funcionar en la luz. Saca a la luz todas las cosas que no quieres ver para que puedas despejar el camino para crear exactamente lo que realmente quieres ver.

Hace años estaba hablando con cientos de empresarias en un almuerzo en Raleigh, Carolina del Norte, cuando uno de mis mayores miedos profesionales se manifestó mientras estaba sobre la plataforma. Para ser clara, nunca he tenido miedo de hablar en público. Me gusta hablar. Mi mamá a menudo bromea que yo hablaba tanto cuando era niña que siempre jugaba conmigo a ver cuánto tiempo podía estar *sin* hablar. Dos minutos fue mi récord, pero lo único que a veces temía era a olvidar un punto de la disertación.

Recuerdo vivamente la escena: el traje tejido de color coral y marfil que llevaba puesto, el mes y el año, la energía de las mujeres en ese salón. Mi discurso iba muy bien. La audiencia estaba atenta. Se rieron. Tomaron notas. Todo lo que quieres que suceda cuando eres la oradora principal estaba sucediendo ese día.

Tal vez estaba demasiado confiada. Quizás me distraje. No estoy segura del culpable, pero en la mitad del discurso cuando estaba contando una historia que presentaría un concepto profundo, "¡Puf!", me quedé en blanco.

Miré las caras de las mujeres sentadas en una mesa del centro justo frente a la plataforma. Sus rostros estaban llenos de expectativa. Estaban escuchando. Algunas asintieron y sonrieron. Estaban listas para mi siguiente punto… pero no lo tenía. Dije un par de frases de relleno pensando que si seguía hablando, recuperaría mi pensamiento y nadie se daría cuenta. Sin embargo, no. Nada.

Esto nunca me había ocurrido antes y, sorprendentemente, en cientos de discursos desde entonces, nunca me ha vuelto a ocurrir. Así que no tenía un plan de emergencia para eso. Tuve que pensar rápidamente. Estaba en un escenario frente a 400 mujeres cuyo único trabajo en ese momento era escucharme. No había tiempo para consultarle qué hacer a una amiga o regresar a mi asiento y buscar mis notas. Pensé en abandonar la historia por completo y saltar a mi siguiente punto. Sería abrupto, pero bueno, al final del discurso, probablemente lo olvidarían.

Sin embargo, algo en mí decía: "Solo diles la verdad". Así que, con una sonrisa, dije: "Esto va a parecer descabellado, pero me perdí por completo. ¿Qué estaba diciendo?".

Durante unos tres segundos, hubo una pausa mientras procesaban que realmente no se trataba de una broma. Entonces, para mi asombro y deleite total, ¡al menos 30 mujeres de todo el salón empezaron a reír y a gritarme la respuesta desde la audiencia! Sin juicio. Solo ayuda. Me estaban alentando. Varias dijeron después: "Me encantó que hayas admitido que no recordabas lo que seguía. Fue muy real".

La resiliencia requiere autenticidad. En los momentos en que más creemos que necesitamos "ser competentes" y hacer las cosas de manera perfecta, nuestra disposición a admitir que tal vez no tenemos la respuesta se convierte en nuestra gracia salvadora. Darnos permiso para ser imperfectas abre la puerta para conectarnos auténticamente con los demás. Les permite entrar, les ayuda a verse reflejados y les muestra cómo pueden ayudarnos. No tienes que hacerlo sola.

No tienes que ser perfecta para ser exitosa. Solo tienes que levantarte, y es más fácil cuando admites que has caído y que debes levantarte.

Pautas para el éxito

- Reconoce la semilla de verdad que desearías que no fuera cierta. Cuando estás dispuesta a admitir la verdad, puedes tratar con ella.

- A veces ser positiva te impide hablar de cosas que son negativas, y eso puede ser perjudicial para tu éxito.

- Utiliza la crítica —tanto constructiva como destructiva— para mejorar y crecer.

Lo que toda mujer debe saber

- Hablar positivamente es importante, pero no a expensas de ignorar una verdad negativa. Habla con sinceridad sobre tus problemas, y luego habla positivamente sobre tu capacidad para superarlos.

- Mientras más ignoras la verdad, menos auténtica eres.

- La mayor oportunidad para el crecimiento se produce cuando debes ser valiente frente al miedo.

Preguntas de reflexión personal

- Piensa en una crítica reciente que has recibido, pero que has rechazado. ¿Cuál es la semilla de verdad de esa crítica? Si en este momento reconoces esa verdad, ¿qué harías diferente para avanzar?

- ¿De qué manera hablas positivamente de un aspecto de tu vida e ignoras algo negativo que necesitas resolver? ¿Qué mejoraría si enfrentaras lo negativo?

- ¿De qué manera te haría libre si dijeras la verdad en una relación importante, un desafío profesional o una decisión financiera?

Habla diferente

Di la verdad sobre tu situación, aunque la verdad te asuste o te decepcione. Ser precisa es más poderoso que ser positiva.

Sé una persona que está presente

La clave para cambiar la mente y los corazones radica en este hábito cada vez más difícil de lograr.

He aprendido que los demás olvidarán lo que dijiste, olvidarán lo que hiciste, pero nunca olvidarán cómo los hiciste sentir.

MAYA ANGELOU

Lecciones clave

- Tu atención total facilita la comunicación.
- No puede haber cordialidad, confianza, poder y pasión sin presencia.
- Tu espíritu no puede fingir pasión. Tu voz y tu cuerpo pondrán sobre aviso al mundo.

Había estado sentada sola en el consultorio del médico, cruzando los dedos y esperando algunas noticias alentadoras cuando finalmente entró. Tenía una buena presencia y parecía estar muy bien informada. A diferencia de la médica que me había atendido durante varios años, que probablemente era tres décadas mayor (y muy simpática), esta médica parecía ser solo un par de años mayor que yo. Habían cancelado mi cita anterior después que llegué al consultorio, porque al parecer la médica había quedado varada en un embotellamiento de tráfico y no pudo llegar a tiempo. Esta vez estaba en la oficina, pero retrasada. Puedo ser una persona bastante flexible, pero ese no era el trato con el que había esperado comenzar con mi nueva médica.

Miró algunos resultados de los exámenes realizados con respecto a mi fertilidad. Para mi edad, los resultados fueron bastante positivos. Eso me hizo sentir esperanzada y respondí a la noticia, en parte, como una manera de iniciar una conversación: "No he perdido la esperanza —dije en voz baja—. Realmente creo en mi corazón que voy a tener un bebé". La frialdad en su rostro reflejó la insensibilidad en su comportamiento. No hizo caso de mis palabras y rápidamente desvió la conversación para sugerir que buscara una donante de óvulos.

Es difícil describir la gama de emociones en un asunto tan profundamente personal y complicado, pero puedo decir esto. Sus palabras me hicieron caer en la duda por un momento. En cuestión de segundos, mientras estaba sentada en la silla junto al escritorio de la médica, pensé: *Tal vez soy una ingenua si pienso que voy a quedar embarazada a los 41. Aunque mi madre tuvo a mi hermano a esa edad, tal vez mi esperanza no sea más que una fantasía.* Qué indefensa me sentía de perseguir un sueño para el que la ventana de oportunidad podría haberse cerrado. Yo sabía que las probabilidades eran limitadas, pero todavía estaba dispuesta a intentarlo. Ir al médico fue un paso importante hacia ese sueño.

Sé que los médicos a menudo tienen que darles noticias difíciles a los pacientes, y hacer eso sin sentirse emocionalmente comprometidos puede ser complicado cada día. Aprendí esa lección hace muchos años cuando el especialista que acababa de terminar la cirugía cerebral de emergencia de mi madre arrojó un pañuelo de papel de manera informal en la papelera mientras explicaba que mi madre "podría tener un daño cerebral o podría no sobrevivir. Lo sabríamos en 72 horas". Su reporte fue informal, lo que hizo difícil procesar la sorprendente gravedad de lo que acababa de decir, pero, aun así, no diría que sus palabras fueron frías. Aunque para mí era una noticia totalmente traumática, para el cirujano era cosa de todos los días.

Sin embargo, el comportamiento de esta médica era diferente. Cuando le hacía preguntas, me respondía con un tono que sugería que ya debería haber sabido la respuesta. No había rastro de compasión. De modo que me sentía como un paciente más que circulaba por la oficina, un número más en una larga línea de números.

Huelga decir que, después de unas pocas visitas, busqué un nuevo médico. Cuando las mujeres cercanas me piden que les recomiende una, ¿les sugiero esta médica? Por supuesto que no. No porque no sea competente, sino porque no me gustaba lo que me hacía sentir como paciente.

Es una ilustración del poder de una verdad de la que todos podemos aprender: no es lo que dices o lo que sabes que atrae a la gente a ti, sino cómo se sienten como resultado de la interacción contigo.

Para transmitir el tipo de calidez que lleve a las personas a confiar en ti o te refieran negocios o te ofrezcan otras oportunidades, debes estar "presente" en tus interacciones con ellos. La relación se desarrolla en los momentos presentes. Esto sucede cuando reconoces una dificultad con empatía o una victoria con entusiasmo. Sucede cuando te fijas en las palabras, el tono y el lenguaje corporal de otra persona y escuchas lo que no dice.

Para mostrar compasión, debes estar presente. Cuando estés hablando con una persona, no solo debes estar con ella en cuerpo, sino también en alma y mente.

Las palabras que decimos y nuestro lenguaje corporal deben hacer más que transmitir información lógica. Deben transmitir compasión. Expresado de manera simple, la compasión dice, "me importas". No tienes que ser sensiblera o exagerada. Significa que tienes que estar presente lo necesario para prestar atención no solo a lo que tú quieres, sino también a lo que las otras partes quieren y necesitan también. Tienes que cuidar cómo afectan tus palabras a los demás.

Solo puedo especular sobre la dinámica que llevó a esa experiencia en la oficina de la médica ese día, pero puedo contar lo que sentí durante las visitas que tuve allí:

- Su horario era más importante que el de sus pacientes.

- Parecía infeliz. Si era por su trabajo o por algo más personal, no lo sé, pero había una corriente subyacente de insatisfacción.

- Parecía que mi cita era solo una cosa más en una lista de tareas pendientes, larga, exigente y fastidiosa. No tenía presencia de ánimo, porque su mente estaba puesta en el resto de sus demandas.

Muchas de nosotras hemos tenido la experiencia de sentirnos así o hemos observado a otros que luchan con tales actitudes y emociones. Cualesquiera que sean los problemas, la percepción desde el extremo receptor de la conversación es falta de compasión.

Cada día podemos ver ejemplos de personas que son consideradas exitosas y que solo se preocupan por sí mismas y por sus objetivos. No les importan los demás. Incluso pueden degradarlos o consideran a otras personas menos importantes por no haber alcanzado el mismo nivel de "éxito".

Recuerda que el verdadero éxito es una armonía de propósito, resiliencia y gozo. No se define por la cantidad de dinero que poseas, tu título de trabajo o popularidad. Si no estás viviendo la vida destinada para ti, sin usar tu particularidad para impactar positivamente al mundo o recuperarte de los contratiempos, y no enfrentas la vida con gozo, entonces no eres exitosa. Es imposible tratar a las personas mal y tener verdadero gozo. Es imposible ser egoísta y alegre. Nuestro gozo está íntimamente ligado a nuestra capacidad de amar y ser amadas, ya sea en los más pequeños actos de bondad y respeto como en nuestra manera de comunicamos con los demás.

Para mostrar compasión, debes estar presente. Cuando hables con una persona, no solo debes estar con ella en cuerpo, sino también en alma y mente.

Siempre tendrás oportunidades para estar presente

Era sábado por la tarde y, cuando apenas había terminado de escribir mi última frase, mi hija menor Addie llamó a la puerta.

—¿Dónde está papá? —preguntó—. Quiero mostrarle la casa que hicimos para la tortuga.

No tenía ni idea de lo que estaba hablando. No tenemos una tortuga. O, al menos, no la teníamos esa mañana. Se acercó a la ventana frente a mí y se apoyó en la repisa. La expresión seria de su rostro indicaba que había estado trabajando. Me refiero a "trabajar" en el sentido de la palabra para una niña de ocho años de edad.

—¿Qué tortuga? —le pregunté, presionada un poco por el tiempo, ya que tengo un período específico de tiempo para escribir hoy.

—Oh, encontramos una tortuga en el camino cuando volvíamos

del parque —explicó—. Sophie y yo estamos en el patio trasero haciéndole una casa.

—De acuerdo, le diré a papá que baje tan pronto como termine de hablar por teléfono —empecé. Sin embargo, cuando miré a Addie, con sus gafas rosadas y pantalones cortos, con su cabello ligeramente al viento por la brisa que entraba por la ventana abierta, recordé lo que estaba escribiendo. Estar presente. Interesarse por el otro. Así que cambié de actitud y le dije—. Me encantaría ver la casa de la tortuga. ¿Quieres mostrármela?

Sonrió y su cara se iluminó de alegría mientras se apoyaba para saltar la repisa de la ventana.

—¡Sí!

Bajé las escaleras y me uní a su hermana mayor, Sophie, al pie de los escalones que conducían al patio trasero. ¡Habían construido una pequeña fortaleza para la tortuga de cinco centímetros que ya habían nombrado *Tuck,* como la tortuga de la serie las *Wonder Pets!* Estaba nadando en una pequeña piscina de agua y piedras dentro de uno de mis contenedores de *Tupperware* en el borde de la fortaleza con tierra alrededor de él para que pudiera entrar y salir. Sugerí que la pequeña criatura saliera de la piscina por un momento para ver cómo se arrastraba. Les conté sobre una ocasión cuando mi padre y yo encontramos una tortuga que trataba de cruzar la calle frente a nuestra casa y la tuvimos durante el fin de semana. Era mucho más grande, recordé, pero no tan linda. Después de unos minutos, volví al piso de arriba.

Fue un momento muy simple, pero, dentro de unos años, no tendremos ocasiones así porque ya tendrán intereses más maduros. Cuando escribo en mi casa, no puedo esperar no tener interrupciones, o me voy a decepcionar más de una vez. Sin embargo, cuando tengo esas interrupciones, puedo decidir cómo hacer que mi familia se sienta. ¿Sienten que son una molestia o sienten que tengo tiempo para ellos?

Esto no quiere decir que no debamos poner límites o que los demás pueden disponer de nuestro tiempo cuando lo deseen. No obstante, si no puedo hacer que mi hija sepa que estoy interesada en lo que tiene que decir cuando me habla de una nueva obra maestra de la infancia porque estoy demasiado ocupada en mi trabajo, entonces estoy enviando un mensaje contrario a mi definición de éxito para nuestra relación.

Los plazos de entrega, el estrés y el agobio pueden borrar la compasión de nuestros hábitos de comunicación. Podemos volvernos irritables con las personas, porque estamos frustradas por la cantidad de responsabilidades que debemos cumplir. O podemos estar presentes en ese momento. Podemos hacer lo que podamos. Podemos dar prioridad a las relaciones sobre la pantalla que tenemos frente a nosotras. Podemos estar presentes.

Si deseas ser eficaz en tu comunicación,
sé una persona que está presente.

¿Cómo se sienten las personas en tu presencia?

Cuando no estás totalmente presente, aunque hagas todo lo posible para fingir que lo estás, se nota. Realmente no hay forma de ocultarlo. Cuando tu mente está en otra parte y estás reflexionando sobre tu lista de tareas pendientes, fingiendo atención a la persona que te está hablando, tus expresiones faciales tendrán un breve retraso. A pesar de estar mirando directamente a los ojos de la otra persona, tus ojos podrían incluso ponerse en blanco.

Nuestros cerebros leen las expresiones faciales tan rápidamente que nosotras mismas no siempre entendemos la razón por la que no creemos que alguien está plenamente presente o es digno de nuestra confianza. Podemos percibir un problema sin tener conciencia de la información que nuestro cerebro ha procesado que nos alertó de que algo no está bien. Permitir que tu mente divague, o estar haciendo varias cosas a la vez, no animará a nadie a sentirse escuchado, apoyado o valorado en tu presencia. Lo que comunica es: "Tengo cosas más importantes que hacer o pensar en este momento".

Con la cantidad de estímulos que la mayoría de nosotras soportamos en un momento dado, estar presente cuando conversamos con otros puede ser realmente desafiante. Podría interrumpirte un mensaje de texto, o el sonido de un correo electrónico, o una llamada telefónica, o distraerte con los medios de comunicación social, el surfeo en Internet o la televisión. Estar consciente en el momento de una conversación es más difícil que nunca. Súmale a eso esta información interesante: tu cerebro busca activamente incongruencias en tu ambiente. Cualquier cosa que no parece pertenecer, cualquier cosa que parece diferente o es nuevo de alguna manera obtiene tu atención rápidamente. ¿Por qué? Porque ante las conveniencias y protecciones de la sociedad moderna, no notar tales cosas podría resultar en ser sorprendidas por un animal salvaje o enfrentar una situación peligrosa.

De modo que hoy estamos abrumadas por las distracciones y nos encontramos constantemente tratando de prestar atención a múltiples cosas. ¿Qué significa eso para la gente? Significa que si puedes aprender a dar toda tu atención al momento y la persona que tienes frente a ti, y luego pasar a la siguiente cuando hayas terminado, las personas experimentarán una sensación contigo que rara vez experimentan: sentirse escuchadas. Pocas personas hoy se sienten escuchadas y, por lo tanto, suficientemente importantes como para atraer la atención de alguien. Si deseas ser eficaz en tu comunicación, sé una persona que está presente.

El éxito surge de la pasión:
La pasión surge de la presencia

En mis viajes para dar conferencias, a veces me encuentro con personas fascinantes. En 2015, mientras hablaba en una convención en Denver, conocí a Julie Terrell, cuya historia me ha intrigado durante algún tiempo. El suyo es un testimonio del poder de la pasión: el tipo de autenticidad que hace que la gente quiera unirse a la visión. Cuando eso sucede, no hay límite a las posibilidades de éxito real.

Era julio de 2013 y, Julie Terrell, esposa y madre de cuatro hijos, le contaba sus preocupaciones a una amiga y mentora durante el almuerzo. Ella y su marido Nathan habían sido misioneros cristianos en una pequeña ciudad en las montañas de México desde que su primer hijo era un bebé. Volvieron a su casa de Colorado por un par de meses para recaudar dinero adicional; algo que a veces hacían para ponerse al día en las finanzas. Sin embargo, esta vez, después de años de subsistir con 800 a 1.200 dólares por mes para una familia de seis, de repente tomó conciencia de una pregunta persistente.

"Mientras mis hijos mayores estaban en edad escolar, empecé a pensar en las cosas que necesitarían a medida que pasaran los años —explicó Julie—. ¿Cómo pagaríamos los tratamientos de ortodoncia si los necesitaran? ¿Cómo los enviaríamos a la universidad?". Estas fueron las preguntas que se planteó en voz alta con su amiga ese día de verano durante el almuerzo.

Su amiga le dio un consejo profundamente espiritual: "Acude a tu papá", recuerda Julie que su amiga le dijo con total tranquilidad. Rápidamente, Julie desestimó la idea. No estaba dispuesta a pedir dinero a sus padres.

"No me refiero a tu padre terrenal —aclaró su amiga—. Me refiero a tu Padre celestial. ¿Has orado y le has pedido lo que necesitas?".

Julie no lo había hecho. Pensaba que era un poco egoísta orar por dinero cuando tantas familias que servían cada día tenían mucho menos, pero aceptó el reto y lo intentó. Todos los días durante dos semanas habló con Dios sobre sus preocupaciones. Con la carga de conciencia de pedir más de lo que ella ya se sentía bendecida, comenzó con algo pequeño. Realmente pequeño.

"Pasé los primeros días orando por las necesidades de otras personas. Y luego, finalmente, decidí pedir algo para mi familia. Parece descabellado, pero rogué por dinero suficiente para comprar queso cheddar", dijo. Un trozo de queso cheddar era muy caro en la zona donde vivían: casi 9 dólares. Unos días más tarde, tomó coraje y pidió suficiente dinero para librarse de un par de miles de dólares de deuda que habían acumulado. Pronto, avanzó en su manera de orar y le pidió a Dios que abriera una puerta de oportunidad para ganar más dinero.

Para muchas mujeres, esas peticiones parecen bastante razonables. Sin embargo, para Julie, había muchas dudas y obstáculos a la posibilidad de poder contribuir al bienestar financiero de su familia. Se había criado en una comunidad de fe ultraconservadora donde le enseñaron que su misión en la vida era casarse y tener hijos. No le permitieron ir a la universidad. Las familias de ella y de su esposo los habían unido y habían aprobado su matrimonio. Le habían diseñado la vida sin pensar mucho en una misión o visión personal. Hacer estas oraciones era un acto de fe, y requería presencia de ánimo para superar sus inseguridades, su sentimiento de culpa y viejas creencias.

Después de dos semanas de oración, Julie dice que sintió una sensación de paz sobre ella. Era como si Dios dijera: "Yo puedo manejarlo. No te preocupes".

A la semana, más o menos, su hermana menor le pidió que la ayudara con un objetivo. Se había unido a una empresa de ventas directas llamada Jamberry que vende uñas postizas: uñas adhesivas de vinilo que se pueden aplicar con calor y duran de dos a tres semanas. Su hermana tenía la meta ambiciosa de vender una cierta cantidad de productos con la contratación de amigas interesadas que se unieran a ella en la venta del producto.

Julie no prestó mucha atención al tema. De hecho, no probó el producto durante casi un mes. Luego empezó a publicar anuncios en Facebook y vendió algunos de los productos en línea después de regresar a México. Nunca salió de su casa y, a los 30 días, había ganado más de 400 dólares.

"No podía creerlo —recuerda Julie—. Había aumentado nuestro ingreso familiar en casi un 50% en un mes. Así que comencé a pensar, ¿a quién más podría incluir? Es decir, que conocía a muchas madres que se quedaban en casa cuyas familias necesitaban ganar más dinero. Acabo de enviarles un mensaje para decirles: 'Oye, deberías probar esto. Gané 400 dólares en un mes y pude hacerlo desde casa'". Antes de darse cuenta, sus amigas se estaban inscribiendo.

"Ni siquiera pensé en ello como un reclutamiento. Estaba emocionada. Fue una bendición para mi familia, y pensé que deberían saberlo en caso de que quisieran intentarlo también".

Eso fue en otoño. Para la Navidad, su cheque mensual había superado los 1.000 dólares. Se propuso identificar más mujeres con quienes hablar. "Me convertí en gerente de equipo para diciembre", explica. A partir de ese momento, cada mes sus cheques se duplicaban. Hoy Julie tiene una línea de aproximadamente 22.000 consultoras de ventas. De las más de 100.000 consultoras de la compañía, solo 33 han alcanzado un rango más alto. Julie es una de ellas, y eso transcurrió en menos de dos años. Decir que sus oraciones fueron contestadas es un eufemismo.

"Nuestro asesor fiscal dijo: 'Solo quiero advertirte, que te harán una auditoría. En un año y medio, el ingreso de tu hogar aumentó de 20.000 dólares a más de 1.000.000 de dólares'".

Ahora pueden comprar mucho más que queso cheddar. Entonces comenzaron a preguntarse: "Con este dinero tenemos que hacer más que invertirlo en nosotros mismos, según Dios nos muestre". En el año 2016 comenzó su transición del campo misionero de México al campo misionero de los Estados Unidos. La visión ha pasado de "Suficiente dinero para comprar queso cheddar" a "Lo suficiente para pagar las deudas" a "¿A quién podemos bendecir?".

"Nuestro objetivo es tener una finca para las niñas que han sido rescatadas o que han escapado del tráfico sexual", explica. Se están trasladando al norte de Texas para hacer precisamente eso: crear una organización sin fines de lucro que proporcione educación y recursos para ayudar a las víctimas a transitar hacia una vida saludable y próspera. Es un sueño más grande que su cuenta bancaria.

Comenzó en los inicios de la historia de la compañía cuando pocos habían oído hablar del producto. Me ha dicho en varias ocasiones: "No fui yo. Realmente no hice nada". Y sé de dónde viene. Como una humilde mujer de fe, nunca perdería de vista que esta fue la respuesta al final de esas dos semanas de oración que comenzó con la petición de que Dios les diera suficiente dinero para comprar queso cheddar. Sin embargo, también se debió a la manera específica de hablar diferente: fue una persona totalmente presente. Así es cómo lo hizo:

- Habló con una mentora sobre sus preocupaciones. Recibió el consejo humildemente.

- Expresó sus deseos en fe. No sabía cómo iba a pasar, pero su mentalidad cambió cuando tuvo la audacia de abrir la boca y orar por más.

- No murmuró ni se quejó, ni cuando vivía por debajo de la línea de pobreza.

- Expresó gratitud por sus bendiciones cuando tenía muy poco.

- Realmente le encantó el producto. Se dedicó a eso de lleno y con buen ánimo. La forma y la longitud de sus uñas eran una bonita muestra del producto de Jamberry, y publicó muchas fotos y videos de sus hermosas uñas postizas. Su apariencia decía mucho.

- Habló con entusiasmo y autenticidad sobre cómo estaba siendo bendecida, porque quería ver a otros bendecidos también.

- Su presencia en línea es enérgica y positiva, pero auténtica. Sonríe. Es alentadora.

- "No puedo creer que me pagan por ayudar a las mujeres", fue uno de los comentarios que Julie me hizo. Tiene una comunicación fluida y, en cada declaración, hay una actitud de servicio, preocupación y compasión. Tal presencia le ha ayudado a reunir un entusiasta equipo de miles de mujeres.

Cómo tener más presencia en tus relaciones

Estas son algunas maneras de tener más presencia cuando hablas y escuchas a otros. Pruébalas en tu próxima interacción:

- El centro de atención es la persona con la que estás conversando.

- Detecta las distracciones. Compórtate como si no estuvieran allí.

- Deja de pensar en lo que vas a decir a continuación y escucha.

No son solo los estímulos externos los que pueden distraer la atención. También lo puede hacer el diálogo interno sobre el concepto que deseas explicar a continuación. Puede sacarte del momento presente. Tu mente se pierde en querer parecer lista, correcta, divertida o cualquier otra cosa que quieras parecer. Sin embargo, si realmente escuchas, tu presencia completa te guiará a las siguientes palabras correctas para hablar en la conversación.

Si estás tensa por las cosas que sientes que necesitas estar haciendo, pero no puedes porque estás conversando, se notará. Toma la decisión de estar totalmente presente o pasa la conversación para otra hora.

¿Alguna vez te sentiste estresada por una conversación porque estabas presionada por el tiempo? Te apresuraste mientras hablabas o te sentiste irritable por tener que conversar. Estas pueden ser reacciones normales de un horario sobrecargado, pero sabotearán tus relaciones y tu éxito. Nadie quiere sentir que son una molestia o un obstáculo, que te estorba para otras cosas. Si la otra persona se siente de esa manera, a menudo no se trata de si habrá consecuencias, sino de cuándo las habrá.

Cuando esto sucede, es una oportunidad para hacer una pausa y reflexionar. ¿Necesitas delegar o retrasar algunas tareas pendientes que están en tu lista? ¿Debes ser sincera sobre tu estado de ánimo y decirle a alguien cuán importante es y cuánto deseas darle más atención pero necesitas buscar un mejor momento para hablar? ¿O necesitas ejercer un poco de dominio propio y darle a la persona que está delante de ti toda tu atención ahora mismo? Estar presente no significa necesariamente pasar cantidades excesivas de tiempo con cada persona con la que interactúas. En cambio, se trata de estar presente en las interacciones, incluso las breves. Es actuar a conciencia: has elegido interactuar con una persona, y esta se sentirá valorada en tu presencia. Esa persona recordará lo que se siente al interactuar contigo, aunque no sepa por qué.

Cuando sientas que el estrés aumenta y la presión de hablar con una persona te abruma más, haz una pausa, respira hondo y reflexiona. Descarta de tus pensamientos "no tengo tiempo" y toma la decisión de valorar a la persona y el tiempo que está delante de ti en ese momento. Eleva una oración para que tu ansiedad se esfume y observa cuán rápidamente puede cambiar tu enfoque:

> *En este momento, te pido que cambies mi enfoque. Ayúdame a relajarme y concentrarme en la persona que está delante de mí ahora mismo. Ayúdame a confiar en que, si participo plenamente en cada interacción, no solo beneficiará a la otra persona, sino que finalmente mi futuro también se beneficiará. Ayúdame a recordar que mis interacciones tienen un propósito mayor que mi lista de tareas pendientes. Es posible que las personas no recuerden todo lo que digo, pero seguramente recordarán cómo se sienten en mi presencia. Ayúdame a darles una visión de ti.*

Presionadas por el tiempo

Como alguien que pasó de ser soltera sin hijos a casada con tres hijos en menos de dos años, he llegado a apreciar la belleza del tiempo a un nuevo nivel. Añade a eso una mudanza de la ciudad a las afueras de los suburbios, y la idea de reunirnos para el almuerzo o la cena adquiere un nuevo significado. No puedo hacerlo, al menos no si mis prioridades familiares deben permanecer intactas. Por lo tanto, cuando me reúno con alguien nunca es casual. Tiene un propósito. Valoro el tiempo que pasamos juntos. La mayor parte de mi tiempo lo invierto en mi familia y mi empresa, así que cuando descubro tiempo para alguien fuera de esas dos prioridades, disfruto el momento. Las conversaciones me parecen más enriquecedoras. Es más probable que exprese aprecio o llegue al corazón del asunto en cuestión. Estoy más viva en la conversación, porque soy más consciente del regalo de ese momento.

En lugar de sentirte presionada por el tiempo, puedes sentirte agradecida por los momentos para relacionarse, incluso los más pequeños. La vida puede ser muy pesada a veces, pero dar gracias por la plenitud de ella y lo que representa esa plenitud es una excelente manera de permanecer presentes. Sí, las noches pueden parecer ajetreadas por las comidas, las tareas escolares y las actividades extracurriculares, pero esta es una etapa única que dentro de unos años mirarás atrás y recordarás. ¿Cómo quieres recordarla? ¿Qué desearías poderle haber dicho a tu "yo" más joven? Los proyectos de trabajo pueden causar estrés, pero ¿cuál es el mensaje que escuchas en medio de todo eso? Hay un regalo en el estrés. Desenvuélvelo. Podría ser el mensaje de que te podría estar preparando para mayores oportunidades en el futuro. Puede ser el empujón hacia un nuevo camino, uno que tenga menos estrés en tu vida. O tal vez es el mensaje de que es hora de dejar de preocuparte por pequeñeces.

Cuando aprendes a manejar los pensamientos que te hacen sentir presionada y estresada, cambias completamente lo que sientes en el momento, y ese cambio transforma tu manera de interactuar con los demás. Cuando estás estresada, la respuesta humana natural es la autoprotección. Cuando tus pensamientos están absorbidos en ti misma, no puedes brindarte en compasión hacia los demás; no puedes dar lo que no tienes.

No obstante, me gustaría sugerir algo más. No solo necesitamos ser conscientes de cómo nuestras palabras —y la forma en que las decimos— hacen sentir a los demás. También deberíamos tener compasión por nosotras mismas.

El poder de la autocompasión

Los investigadores ahora están explorando la autocompasión. Para las estudiantes calificadas y, sobre todo, para las extremadamente competentes (y si estás leyendo un libro sobre las mujeres exitosas, existe una fuerte posibilidad de que uno de estos términos te describa), la autocompasión es menos frecuente que la simple compasión. Es muy común que una mujer que es muy compasiva hacia los demás y con la que estos se sienten valorados, amados y oídos, no sea tan compasiva consigo misma. Lo que dices de ti importa. Puede aliviar tu estrés o exacerbarlo. Puede hacer que aprendas de tus errores o te mortifiques indefinidamente por ellos.

Las mujeres más exitosas —las que no solo viven con propósito y son resilientes, sino que también tienen mucho gozo en sus vidas— también son autocompasivas en momentos de ineptitud. Frente a un error o fracaso, se tratan a sí mismas como lo harían con su mejor amiga. Lo contrario es cierto para otras mujeres, cuyo tratamiento de sí mismas no se asemeja a la forma de nutrir, apoyar o alentar a alguien que aman.

La investigadora y psicóloga educativa Kristin Neff, de la Universidad de Texas en Austin, dice que la autocompasión se compone de tres elementos: bondad hacia uno mismo, humanidad compartida y conciencia plena.

"Sé buena contigo misma —dijo dulcemente mi amiga—. Eres muy dura contigo misma". Cuando el sonido de sus palabras entró suavemente a mis oídos, resonaron profundamente. Era lo que necesitaba oír. Parecía algo que debería estar diciéndole yo a ella, no al revés. Es decir, después de todo, soy una entrenadora de vida, una autora que escribe sobre la felicidad, la resiliencia y la autenticidad. Sin embargo, a menudo es más fácil identificar una necesidad en otra persona que reconocer la nuestra. Respiré hondo y cerré los ojos. "Gracias —dije—. Necesitaba eso".

A veces, lo que más necesitas es una voz amable que te dé permiso para ser humana. Permiso para no ser tan perfecta sin la amenaza de mortificarte por ello. A veces esa voz viene de una amiga. Casi siempre, esa voz debe venir de ti. Tu voz tiene el poder de recordarte que el éxito es una armonía de propósito, resiliencia y gozo. Cada experiencia sirve por un propósito, que te moldea más bellamente como una mujer sabia. Cada vez que te equivocas, tienes la oportunidad de ser resiliente y volver a levantarte. La perfección imperfecta de la resiliencia es mirar atrás y ver que la única manera de llegar al destino actual era tomar el desvío que te llevó a lo largo de un camino divinamente orquestado. Cada vez que seas una persona presente, con la calidez de la autenticidad, la verdad de la transparencia y el entusiasmo que solo puede provenir de tu pasión, conmueves al mundo con tu voz más poderosa.

Entiende el poder de "caer bien"

*Cómo tres hábitos simples pueden aumentar
tu influencia y multiplicar tu éxito.*

Lecciones clave

- Mostrar interés por las personas que te importan produce una mayor influencia sobre sus vidas.
- Concéntrate en lo que tienes en común con otros para cultivar tu relación con ellos.
- Tu grado de optimismo puede dar lugar a tu éxito futuro.

¿Qué es la influencia? ¿Y cuánto de eso tienes en el trabajo, en casa o cuando te enfrentas a una situación que deseas que resulte a tu favor?

Tu influencia es tu capacidad de afectar el carácter, el desarrollo o el comportamiento de alguien.[1] Probablemente hayas notado que algunas mujeres a tu alrededor parecen ejercer más influencia que otras. Las personas se adhieren a su punto de vista más fácilmente, parecen seguir su ejemplo, aunque no estén en posiciones de liderazgo, y buscan obtener lo que tienen que ofrecer.

Se podría argumentar que la influencia ha sido el arma de liderazgo secreto de las mujeres a lo largo de la historia. Privadas de oportunidades y de títulos oficiales de liderazgo, las mujeres de generaciones pasadas tuvieron que encontrar creativamente formas de influir en las decisiones y los cambios, incluso si no tenían autoridad para tomar esas decisiones. Incluso hoy, con más mujeres en posiciones oficiales de liderazgo que

---

1. Diccionario de inglés Oxford.

nunca, he observado que muchas de ellas que no se identifican como "líderes" son rápidas en reconocer su propia capacidad de influir en otros. Si influyes en los demás, eres una líder.

Entonces, las mujeres que ejercen más influencia, ¿qué cosa hacen diferente a otras mujeres? ¿Realmente hablan diferente? Y si es así, ¿cómo?

La influencia tiene que ver, en gran parte, con qué hace a la gente decir sí a tu punto de vista, tu petición o tu idea. Hablemos de algunos hábitos clave que pueden transformar tu capacidad de "obtener un sí", si deseas ser contratada para un trabajo, generar interés en un proyecto o conseguir un equipo que se sume a tu idea. Estos hábitos son: mostrar interés en los que te rodean, caerle bien a la gente y ser generosa con tu aprobación, aprecio y reconocimientos.

Muestra interés en los que te rodean

Parece casi demasiado simple, pero es un hecho simple que interesarse en los demás conduce a la influencia. Theodore Roosevelt dijo: "A nadie le importa lo mucho que sabes hasta que saben lo mucho que te importan".

Las personas que se preocupan por ti, se desviven por ti y muestran interés en lo que es importante para ti, son las personas que tienen más probabilidades de influir en ti. Una vez tuve una jefa que escribía a mano tarjetas de cumpleaños personalizadas a cada empleado de la empresa. Parece un pequeño gesto, y lo es, pero las emociones positivas que generaba en cada persona fortalecieron la relación entre el líder y sus seguidores.

Ahora bien, imagina por un momento que tu jefa recuerda todos los nombres de tus hijos y sus edades, rutinariamente se detiene en tu escritorio y pregunta por ellos, y luego te escucha mientras tú les hablas de ellos. Imagina que la misma jefa te habla de una habilidad que necesitas desarrollar y te ofrece la oportunidad de que te capacites en esa habilidad en particular. Imagínate que hay una muerte en tu familia, y la jefa ordena a su compañía de *catering* que os lleve comida para después del funeral como un gesto de apoyo.

Todas estas son situaciones reales, y ¿sabes qué? Todos los jefes que participan en estos actos de interés y preocupación tienen empleados ferozmente leales. Tienen empleados a quienes no les importa hacer la milla extra para su jefe. Les gusta ir a trabajar y, voluntariamente, sugieren ideas creativas que ahorran dinero a la empresa y aumentan las ventas. Estos jefes influyen en el comportamiento de su equipo no porque les dicen qué hacer de manera diferente, sino por el cuidado.

Las personas son leales cuando sienten que importan. ¿Quieres más pruebas? El test de las fortalezas de carácter de *Valores en Acción* es una herramienta que te ayuda a descubrir y comprender tus fortalezas distintivas.[2] Tus puntos fuertes podrían ser el trabajo en equipo, la creatividad, la gratitud o la perseverancia. Parece contrario a la lógica, pero una de las fortalezas distintivas más comunes de los líderes eficaces no es el liderazgo, sino otra fuerza, una que casi nadie adivinaría: "La capacidad de amar y ser amado".

¿Qué tiene que ver el amor con el liderazgo? La verdad: mucho. ¿Quiénes no querrían seguir a un líder que se interesa personalmente por ellos? Si tú crees que tu líder se preocupa por ti, puedes confiar en sus decisiones de liderazgo. Te desvivirías por apoyar sus ideas y darle vida a su visión. El amor es una manera refrescante de sentirse con un líder que incluso podría inspirarte. La capacidad de inspirar es otro rasgo distintivo de los líderes eficaces. De modo que, si quieres influir en un grupo o persona en particular, detente y pregúntate: *¿Me he relacionado con ellos de tal manera de mostrar interés y preocupación por las cosas que más les importan?*

El amor habla poderosamente. El amor influye.

Probablemente, no hay mejor demostración de este concepto que la iglesia. Los cristianos creen a menudo que *darles* testimonio de su fe a los no creyentes es el camino para ganar almas para Cristo. Sin embargo, hablar es solo hablar. Tus palabras pueden ser sentidas, emocionantes e inspiradoras, pero dar testimonio de tu fe a través de tus acciones es mucho más poderoso.

Los primeros cristianos eran once discípulos y un puñado de creyentes. Sin embargo, los seguidores de Jesús se multiplicaron, y hoy se estima que hay más de 2.000 millones de creyentes en el mundo. ¿Cómo un número tan pequeño de personas influyó en una fe para multiplicarse de manera tan drástica y resistir más de 2.000 años?

---

2. Puedes realizar este test por ti misma en VIAcharacter.org. Estas fortalezas distintivas también se explican en gran detalle en mi libro *Las mujeres felices viven mejor.*

Los historiadores señalan un período en particular. Alrededor del año 250 d.C., la plaga de Cipriano, una pandemia que ahora se cree que fue viruela, barrió el Imperio romano. En el pico del brote, se estima que, en Roma, cada día morían de la peste 5.000 personas. Se produjo una escasez de trabajadores en la agricultura y la milicia, lo cual causó hambruna en la tierra y una escasez de seguridad. Los pobladores dejaban a sus propios familiares en la calle para que murieran en un esfuerzo por evitar morir ellos mismos o perder a otros miembros de la familia por la enfermedad. La peste siguió arreciando durante un increíble número de años, unas dos décadas. Durante ese tiempo, el cristianismo comenzó a *crecer*.

¿Por qué? Porque los cristianos del tercer siglo practicaban realmente lo que la Biblia predica con respecto al amor. Eran las únicas personas que se quedaban y cuidaban de los enfermos cuando otros los abandonaban. Lo hacían no porque tuvieran acceso especial a medicamentos para evitar que contrajeran la enfermedad. Lo hacían porque querían mostrar la clase de amor que su Salvador les había mostrado.

El amor habla poderosamente. El amor influye.

Los primeros cristianos, a través de su valeroso amor frente a la muerte, influenciaron a los que seguían a los dioses paganos y generaron en ellos interés por Jesús. No sucedió porque hablaron de su Dios. Sucedió porque permitieron que su Dios se manifestara a través de ellos y en su manera de amar al prójimo. Esa influencia multiplicó el número de cristianos.

¿Y tú? ¿De qué manera podría tu amor e interés por los demás aumentar tu influencia en las situaciones que más importan en esta etapa de tu vida? Piensa en algunas ideas para los siguientes puntos:

- En el trabajo

- Con tus hijos

- Con tu cónyuge o pareja

- En tu vecindario

- En la iglesia

Tu verdadero poder viene de encontrar intereses en común.

Busca caerle bien a la gente

¿Alguna vez pensaste en lo aparentemente absurdo que se ve a los políticos cuando besan a los bebés? ¿O cuando se arremangan la camisa para ir a un bar local o a una pista de bolos para tomarse unas fotos? ¿Por qué se toman fotografías con toda su familia? Es decir, el trabajo en el que se están postulando no requiere la participación del cónyuge o de los hijos ni de ninguna niñera o torneo de bolos. Entonces ¿para qué molestarse?

La razón es que las personas son más propensas a votar a alguien que les cae bien, y la decisión de las personas que nos agradan está basada en su apariencia, lo que tenemos en común con ellas y si afirman nuestras propias decisiones y posiciones.

La idea de "caerle bien a la gente" como una importante base para el desarrollo de influencia puede parecer superficial, pero así estamos diseñados como seres humanos. Mediante la comprensión del proceso de cómo llegamos a "caerle bien a la gente", aumentas tan drásticamente tus posibilidades de tener éxito, que se te abren las puertas y tienes más influencia en el mundo que te rodea.

No estoy sugiriendo que cumplas tu objetivo de agradar a los demás en detrimento de tu carácter, creencia o autenticidad. No a todo el mundo le gustarás, y eso está bien. Agradar a todo el mundo no debería ser el objetivo de tu vida. La mejor regla general es tratar de ser tu mejor "yo". Procura ser amable, auténtica y servicial en todo momento.

Tu mejor "yo" no se verá igual todos los días. Algunos días tienes más energía, más inspiración. Otros días puede que no te sientas bien o estés desalentada o estresada. Eres humana, pero incluso, en tus peores días, todavía hay una mejor versión de ti en ese estado. No es tan bueno como tu mejor "yo" en tus mejores días. Sin embargo, ¡es mucho mejor que tu peor "yo" en tus peores días!

Así que haz todo lo que puedas, y recuerda esto: tu capacidad de influir en las personas está directamente relacionada con el hecho de caerles bien. La investigación demuestra que los cambios y comportamientos simples hacen que le "caigas bien a la gente". No estoy sugiriendo que debes reorganizar tu vida de tal manera de agradar a todos, pero debes ser consciente del efecto de tus acciones y comportamientos en las personas. Siempre que puedas hacer cambios que sientas auténticos, hazlo.

Cuando se trata de tu capacidad para influir en el comportamiento y las decisiones de otras personas, si les caes bien o no a ellas puede ser un factor muy determinante. No obstante, ¿cómo puedes caerles bien? Las investigaciones demuestran que un elemento importante de "caerle bien a la gente" es tener intereses en común. Nos gustan las personas que, de alguna forma, son como nosotras. Esto puede ser tan simple como el hecho de usar el mismo estilo de ropa, o haber crecido en la misma región del país, o haber votado por el mismo candidato presidencial. Incluso las cosas pequeñas pueden influir en lo bien que una persona se siente cuando está contigo y, finalmente, le caemos bien.

Buscar intereses en común es una clave para influenciar a otros. Esforzarte en mostrar cuán diferente de los demás eres es una manera segura de tener menos influencia sobre ellos. Desarrolla el hábito de darte cuenta de experiencias, intereses o antecedentes en común con la gente. En un mundo en el que a menudo se nos anima a separarnos por las diferencias, a marcar territorios y a luchar por esas diferencias, descubrirás que tu verdadero poder viene de encontrar intereses en común.

Tu capacidad de influir en las personas está directamente relacionada con el hecho de caerles bien.

Dirijo un programa dedicado a capacitar a entrenadores personales y ejecutivos.[3] Uno de nuestros primeros ejercicios de entrenamiento se llama Presentación positiva, en la cual los estudiantes se entrenan mutuamente en clase y se presentan unos a otros hablando de un importante reto que hayan tenido en sus vidas. Describen el reto —un momento que les cambió la vida, como superar un divorcio, recuperarse de alguna pérdida o saber tomar una decisión profesional difícil— y explican cómo el reto, de alguna forma, los hizo una mejor persona. Lo hacen en cuestión de minutos en un pequeño grupo de tres o cuatro personas en la primera hora de un entrenamiento de tres días.

Lo que pasa en el salón es fenomenal. En cada entrenamiento que hemos realizado desde que lanzamos la Capacitación Intensiva de Entrenadores en 2010, los estudiantes dicen una cosa en particular: "Aprendimos que tenemos mucho en común. No es casualidad que me haya sentado al lado de la persona que me tocó en el grupo. Nuestras historias muestran lo similar que somos en el espíritu". Es un ejercicio importante *antes* que los estudiantes comiencen a entrenar, porque necesitan verse en su esencia antes de poder confiar en el otro en el contexto de una sesión de entrenamiento. La similitud crea un sentido de confianza. "Tú me entiendes. Has pasado por algo con lo que me puedo identificar, y saliste más fuerte de esa experiencia".

Esto es lo que he aprendido al crecer en una familia militar y vivir en el extranjero cuando era niña. Estar en entornos donde la gente no se parecía a mí, o que incluso ni hablaba el mismo idioma que yo, me obligó a salir de la zona de confort de las similitudes obvias. Cuando

---

3. Puedes aprender más sobre este programa, Coaching and Positive Psychology Institute, en http://www.cappinstitute.com/.

salgas de tu casa y escuches que la mayoría de las personas en la calle hablan un idioma diferente, puedes quedarte solo con ese hecho o puedes abrir los ojos y empezar a notar las grandes similitudes humanas que compartimos. Tal vez tu nacionalidad, idioma, cultura y color de la piel no son los mismos, pero tu amor por la familia y tu gusto por las fresas y las tradiciones navideñas son indudablemente iguales. Fue un campo de entrenamiento para detectar puntos en común. Ahí comenzó mi intriga hacia las culturas, el lenguaje y la gente. El enfoque excesivo en las diferencias reduce tu influencia. Sin embargo, cuando te enfocas en los aspectos en común, tu influencia crece.

Permíteme darte un ejemplo. Hablo a menudo y en todo el país, y a veces fuera del país. Muchas veces me hacen una pregunta, especialmente los pastores y las personas de fe: "Creo que es muy interesante que hables en grandes empresas y agencias gubernamentales, e incluso en programas de televisión nacionales, pero también hablas en las iglesias —señalan—. ¿Cómo haces eso?".

Ahora bien, esto no es algo que planeé. De hecho, no creo que los diversos ámbitos sean demasiado diferentes. En cualquier lugar donde me toque dar un discurso, estoy hablando a *personas*. Son personas que necesitan saber cómo ser resilientes. Quieren más éxito: propósito, resiliencia y gozo. Quieren ser felices, y yo hablo mucho sobre lo que se necesita para ser más feliz. Estos temas son igualmente relevantes si estoy haciendo una aparición en el programa matutino de un canal de televisión o estoy hablando a ejecutivos en un importante banco nacional, o estoy hablando a mujeres en una conferencia de la iglesia. De hecho, ¡algunas de las mujeres en la conferencia de la iglesia o sentadas en su casa viendo el programa matutino de la red televisora también trabajan en el banco!

No limito mi influencia al dar un mensaje como si solo fuera para una audiencia. Mi misión es inspirar a las mujeres a experimentar una vida más satisfactoria, no inspirar solo a mujeres corporativas, mujeres de la iglesia o mujeres de una raza. Mi vocación integra todos los elementos de lo que soy como mujer: una mujer de negocios, una mujer de fe, una mujer de color y, ahora, una esposa y madre feliz. Escribo y hablo mejor cuando me comunico fluidamente con todas esas perspectivas. Si me concentro en las diferencias, reduzco mi influencia.

La práctica de ver los puntos en común entre tú y los demás puede requerir un poco de pensamiento optimista. Esta idea coincide con la investigación de que el optimismo es un predictor del éxito. Si el optimismo nos ayuda a ver lo bueno —y como resultado, ver los puntos en común—, entonces es razonable sugerir que elegir una postura optimista para encontrar un terreno en común aumentará tu simpatía y, por ende, tu influencia. Del mismo modo, verte más separada de los demás que vinculada —y ver las diferencias como puntos negativos— tiene el potencial de disminuir tu simpatía ya que las personas reproducen lo que tú les reflejas.

No es que las diferencias sean malas. Tenemos diferencias. Esto es lo que nos hace interesantes y diversos. Cuando tú, inherentemente, ves el "ser diferente" como algo negativo, te distancias de los demás y disminuye tu influencia.

¿Cómo es de relevante en tu vida esta idea de centrarse en los puntos en común y no en las diferencias? ¿Cómo se manifiesta en tu trabajo? ¿Qué hay de tus amistades? ¿Es hora de ampliar tu perspectiva? Anota cualquier idea que se te ocurra:

Cuando los demás buscan razones para que les "caigas bien" mediante las similitudes, estas no tienen que ser significativas. Piensa en alguna vez cuando hayas visto a alguien que llevaba un suéter, zapatos o un par de pendientes parecidos a los tuyos. Hubo una respuesta positiva automática. Los pequeños puntos de identificación abren una puerta hacia la simpatía.

Cuando te detienes a pensar, ¿qué indica si una mujer está vestida como tú? Básicamente, los puntos en común son una pequeña forma de validación.[4] Por lo tanto, cuando tú tienes algo en común, de alguna manera afirmas tus propias elecciones y experiencias. Crea la sensación de que no estás sola, de que otra persona ha compartido tu experiencia.

---

4. Jerry M. Burger et ál., "What a Coincidence! The Effects of Incidental Similarity on Compliance", *Personality and Social Psychology* Boletín 30, n.º 1 (enero de 2004): 35-43, doi: 10.1177/0146167203258838.

Sin embargo, las similitudes son solo una manera de caerle bien a la gente. Otra forma de agradar que tiene más probabilidad de influenciar a otros es una forma más directa de validación: aprecio y aprobación.

Cuando, inherentemente, ves el "ser diferente" como algo negativo, te distancias de los demás y disminuye tu influencia.

Sé generosa con tu aprobación, aprecio y agradecimiento

Un buen cumplido no es solo amable, sino también sabio. Los que elogian con liberalidad crean una dinámica que los hace más agradables. Estudios confirman que, incluso, cuando las personas dicen que los elogios no les importan, esos cumplidos en realidad aumentan la probabilidad de que accedan a complacerlos en una futura petición.[5] Mostrar aprobación en forma de elogios, afirmación y reconocimiento construye lazos que fortalecen tu influencia.

La investigación ha demostrado una y otra vez que es más poderoso construir sobre las fortalezas de uno que tratar de corregir las debilidades.[6] De hecho, en el lugar de trabajo, es decisivo que los gerentes reconozcan lo que hacen bien los empleados y no solo lo que deben mejorar. A todas nos gusta escuchar cosas buenas de nosotras, y parece que afirmar los buenos atributos de una persona es la manera correcta de lograr que haga los cambios necesarios. No obstante, básicamente, el uso de tus palabras para elogiar a otros aumenta su simpatía por ti y hace que estén más dispuestos a escucharte y a dejarse influenciar por lo que tienes que decir.

De hecho, si quieres influir en la probabilidad de que una persona repita un comportamiento o acceda a cumplir una petición tuya, declara tu cumplido de una manera que les dé una reputación que quieran honrar con su vida. Por ejemplo: "Fulana me dijo que hiciste un trabajo fantástico con ese proyecto, y me encantaría que consideraras ayudar en

---

5. David Drachman, Andre deCarufel y Chester A. Insko, "The Extra Credit Effect in Interpersonal Attraction", *Journal of Experimental Social Psychology 14*, n.º 5 (septiembre de 1978): 45865, doi: 10.1016/0022-1031(78)90042-2.

6. Brian Brim y Jim Asplund, "Driving Engagement by Focusing on Strengths, *Business Journal*, 12 de noviembre de 2009, http://www.gallup.com/businessjournal/124214/driving -engagementfocusing-strengths.aspx.

este nuevo proyecto", o "La forma en que decoraste tu casa es impresionante. Espero que me des algunos consejos e ideas para mi propia casa". Es una tendencia natural que queramos estar a la altura de los elogios que nos han dado, por lo que nuestras acciones a menudo nos llevan a mantener una coherencia entre decisiones y "victorias" pasadas y futuras. Por consiguiente, las conductas complementarias positivas no solo aumentan tu simpatía con la persona que elogias, sino que también influye en la probabilidad de que la conducta se repita.

La emoción positiva —como el impulso emocional que proviene de oír cosas positivas sobre nosotras— amplía el alcance de nuestro pensamiento y nos abre la mente para tomar decisiones mejores y más creativas.[7] Si deseas aumentar tu influencia, elogia lo bueno que ves en las personas. Felicítalas. Observa lo que hacen bien. Sé sincera. No adules. Diviértete en encontrar cosas que puedes auténticamente afirmar y elogiar. No solo te sientes bien cuando elogias a otros y ves cómo se les ilumina el rostro, sino que simultáneamente crea una respuesta más fuerte de ellos a otras ideas que les propongas.

Mi cliente Vanesa dirigió una tienda al por menor que tenía una mínima presencia en línea y no era activa en el *marketing* en línea. Como resultado, la tienda en línea solo generaba una pequeña cantidad de ingresos. Sabía que podía hacerlo mejor, pero no tenía tiempo para concentrarse en eso. Además, no tenía mucho presupuesto para contratar a alguien.

Consideró a su equipo existente de ocho empleados. Todos eran buenos trabajadores, pero uno en particular parecía tener el potencial de ser preparado para esa función. Decidió capacitar a Miguel, uno de sus asociados de ventas, para aumentar los ingresos de ventas en línea. Miguel era un joven agradable, que había terminado su título universitario en empresas y era conocedor de la tecnología.

Cuando Miguel asumió la nueva responsabilidad de impulsar las ventas en línea, ella lo felicitó efusivamente en la reunión semanal con su pequeño equipo de asociados. Enfatizó al grupo que estaba segura de que, con la habilidad natural de ventas de Miguel, su fuerte relación con

7. Barbara L. Fredrickson y Christine Branigan, "Positive Emotions Broaden the Scope of Attention and Thought-Action Repertoires", *Cognition and Emotion 19*, n.º 3 (2005): 313-32, doi: 10.1080/02699930441000238.

los clientes, su creatividad y su grado de estudios empresariales, impulsaría su negocio de tiendas en línea en poco tiempo.

Los esfuerzos de Miguel comenzaron a rendir fruto casi inmediatamente. Cada semana, Vanesa compartía con entusiasmo los resultados de ventas en la reunión del equipo. El equipo aplaudía y felicitaba a Miguel, y pronto comenzaron a lanzar ideas propias para promociones. Había muchos creativos entre ellos. A Miguel le encantaba la afirmación que recibía. Con el paso del tiempo y las promociones de ventas que aumentaron los ingresos en línea, los anuncios semanales de Vanesa le dieron a Miguel el deseo de responder a la altura. El reconocimiento de su éxito en su nueva función lo impulsó a trabajar más duro.

Favor

Hay un hábito más importante de influencia, y no es un hábito que tú puedes controlar. Es un favor inmerecido. ¿Alguna vez has tenido buena suerte en la vida, pero no puedes explicar por qué o incluso cómo ocurrió? Eso es favor. Quizás puedas identificarte.

Las mejores oportunidades en mi carrera no han ocurrido porque sabía que la oportunidad existía y fui tras ella. En cambio, las mejores oportunidades han aparecido sin anunciarse en un momento en que estaba dispuesta a aprovecharlas. Por ejemplo, una tarde recibí una llamada para preguntarme si me interesaba reemplazar a la anfitriona de un programa de entrevistas de inspiración ganador del Emmy en su décima temporada. Un gerente de ventas de mi casa editorial conocía a una productora del programa y le habló de mí. Una cosa llevó a la otra y, en poco tiempo, me encontré en el teléfono con el productor ejecutivo que explicó que el primer rodaje sería en el extranjero en un lugar que había soñado visitar durante más de una década: Israel.

Ahora bien, se puede argumentar fácilmente que he trabajado esforzadamente para estar en una posición donde podían considerarme para tal oportunidad. Pasé dos años haciendo un segmento semanal en una filial local de NBC en Dallas, fui anfitriona de otro *show* anterior y estudié periodismo de difusión en la escuela de posgrado. Sin embargo, el hecho es que no conocía a nadie de este *show* y aun así tomaron la rápida decisión de que yo era la anfitriona que estaban buscando. No tenía una posición ventajosa. Habían estado trabajando durante años

en la posibilidad de filmar en Israel, pero finalmente todo concordó justo antes de sumarme al equipo. Podrías llamarlo una coincidencia. Yo digo que es otra cosa.

Sería arrogante por mi parte creer que todo lo bueno que me ha pasado en la vida ha sido el resultado de mis esfuerzos, experiencia o formación. No todo es el resultado de mis contactos y los pasos que he dado. Sí, he trabajado duro. Tengo fe para grandes cosas. Me esfuerzo al máximo para mantener relaciones saludables, pero hay puertas que no puedo abrir por mi cuenta. ¡Algunas puertas ni siquiera sé que existen! A pesar de ello, alguien vino y dijo: "¡Oye, Val! ¡Aquí! Hay una puerta abierta con tu nombre en ella". Yo llamo a eso "favor divino", y oro por ello regularmente.

Para ser clara, el favor no requiere que seas perfecta, solo fiel. Eso significa que, cuando tropiezas, haces todo lo posible para aprender la lección. Estás dispuesta a admitir tus errores y tratar de hacerlo mejor la próxima vez. A veces el favor no viene como resultado de tu propia actitud y fidelidad, sino de otra persona. Puede ser el resultado de tu relación con otros que han sido fieles. Gran parte del favor inmerecido viene como resultado de tener un padre o un cónyuge o una amiga cuyo favor desborda en tu vida, y te bendice de manera que nunca podrías haber influenciado por tu cuenta.

Proverbios 3:3-4 dice: "Nunca se aparten de ti la misericordia y la verdad; átalas a tu cuello, escríbelas en la tabla de tu corazón; y hallarás gracia y buena opinión ante los ojos de Dios y de los hombres". En otras palabras, cuando amas bien y vives fielmente, obtienes favor. El favor puede darte influencia cuando parece que no deberías tener ninguna. El favor puede hacer que la gente se acerque a ti y te escuche cuando la lógica dice que hay personas con más experiencia. El favor puede promoverte a una posición cuando no tienes las calificaciones que el trabajo requiere. El favor hará que le caigas bien a la gente, te exalte y te coloque en posiciones de mayor influencia. Pídelo.

Para sintetizar los nueve hábitos en este libro para tu próxima conversación decisiva, recuerda lo siguiente:

1. **Comienza con el objetivo en mente.**

   Planifica tu conversación. Conoce tu objetivo antes de comenzar. Pregunta: "¿Qué quiero saber al final de esta conversación que no sé ahora?". Entonces puedes dirigir la conversación hacia tu objetivo, y sabrás cuándo la conversación se terminó.

2. **Respira antes de hablar.**

   La respiración hace por lo menos tres cosas importantes para que puedas hablar con eficiencia. Te relaja, te ayuda a ser una persona presente y fortalece tu esencia vocal: el sonido y la calidad de tu voz.

3. **Solo dilo.**

   El miedo es lo que te impide hablar. Cuando llegue el momento de decir lo que hay que decir, basta con abrir la boca y decirlo. Sé amable, pero directa. El éxito requiere valor. El valor te da poder para decir lo que necesita decir.

4. **Respeta, espera respeto.**

   Una de las maneras más poderosas de usar tu voz y fortalecer tus relaciones es establecer límites claros, una expectativa de lo que es aceptable y lo que no. Honra los límites de los demás y habla respetuosamente con los demás y de los demás. Cuando te falten al respeto, pon en claro tus límites. Si es necesario, aléjate de la conversación hasta que te puedan respetar.

5. **Formula la pregunta poderosa, después shhhhh…**

   Aclara los asuntos por medio de preguntas. Negocia por medio de preguntas. Busca soluciones por medio de preguntas. Luego escucha las respuestas y la esencia de lo que se dice.

6. **No tengas miedo del silencio.**

El silencio es el espacio donde se procesan la información y las emociones. No lo llenes de energía nerviosa hablando de cosas sin sentido para disimular. Ten confianza en que el silencio puede dar lugar a un gran avance.

7. **Sé una persona totalmente presente.**

Tu presencia es poderosa. Detecta las distracciones. Pon todo tu corazón, toda tu atención y todo tu ser en tus conversaciones. Transformará tus relaciones. Transformará cómo otros te ven y te permitirá alcanzar nuevos niveles de éxito y felicidad.